GUÍAS PRÁCTICAS D

JARDINERÍA PRÁCTICA

SUE PHILLIPS

BLUME

Título original:
Practical Gardening

Traducción:
Ana Domínguez Puigjaner
Licenciada en Ciencias Biológicas

Revisión científica y técnica de la edición en lengua española:
Xavier Bellido Ojeda
Experto en jardinería
Asesor en plantaciones y reformas

Coordinación de la edición en lengua española:
Cristina Rodríguez Fischer

Primera edición en lengua española 2001

Av. Mare de Déu de Lorda, 20
08034 Barcelona
Tel. 93 205 40 00 Fax 93 205 14 41
E-mail: info@blume.net

I.S.B.N.: 84-8076-390-6
Depósito legal: B.41.572-2001
Impreso en Edigraf, S. A., Montmeló (Barcelona)

Contenido

INTRODUCCIÓN

LOS JARDINEROS NO NACEN con una habilidad especial, sino que la desarrollan a lo largo de los años y casi sin darse cuenta. Además, suele ser un proceso muy lento.

Cuando me inicié en la jardinería, a la edad de cuatro años, la mayoría de la gente joven tenía una buena base de conocimientos heredada de sus padres y abuelos. Uno aprendía a desherbar, cavar, plantar e incluso cortar el césped, de modo que en el momento de independizarse sabía dónde empezar a trabajar el jardín de su nueva vivienda.

Entonces, uno tenía la sensación de que, tras muchos años de práctica aprendiendo de los errores, compartiendo experiencias con otros jardineros y tomando ideas de otros jardines, estaría preparado para dedicarse por completo a la jardinería después de la jubilación y obtener de este modo un jardín ciertamente magnífico.

Afortunadamente esto ya no es así, y no es necesaria toda una vida para aprender los principios de la jardinería. Las técnicas y los equipos modernos implican que cualquiera pueda disponer de un jardín lleno de color, cómodo y de fácil manejo. La gente joven y activa podrá crear pequeños espacios verdes muy fáciles de transportar en caso de traslado de vivienda, mientras que las familias tendrán la posibilidad de disfrutar de bellos y estables jardines, semejantes a estancias externas donde relajarse, entretenerse con los amigos y jugar con los más pequeños. Por su parte, la gente jubilada podrá gozar de su tiempo libre en atractivos e interesantes jardines fáciles de cuidar, que les permitirán disponer de tiempo suficiente para otros intereses.

Hoy ya no existe la idea de tener que malgastar años de dedicación y esfuerzo para obtener un jardín que, una vez terminado, tenga siempre la misma apariencia. En el jardín actual, más flexible, se pueden introducir elementos nuevos o disponer de zonas donde poder realizar toda clase

◁ **LOS PRODUCTOS Y HERRAMIENTAS MODERNOS,** *así como las nuevas técnicas e incluso las plantas, contribuyen a que la jardinería resulte más sencilla y requiera menos tiempo.*

◁ **CON UN CONOCIMIENTO BÁSICO DEL JARDÍN** *es posible crear bellos efectos de color durante todo el año, incluso en un pequeño jardín urbano.*

de cambios y pruebas. Constantemente aparecen nuevas plantas en revistas especializadas y programas de televisión, lo que ha contribuido a un nuevo renacer de la jardinería.

Sin embargo, aunque es fácil lograr en poco tiempo un jardín de magnífica apariencia, es posible que transcurrido un tiempo albergue ciertas dudas. Ahora que la jardinería se simplifica cada vez más, los que ya han pasado la fase del principiante se preguntan, ¿por qué hago esto? O bien, ¿qué sucederá si lo hago de esta manera?

Lo que se ha pretendido con este libro es, precisamente, llenar el hueco existente entre la creación de un jardín y los problemas que plantea su mantenimiento. Aquí encontrará las respuestas a todas sus preguntas sin necesidad de recurrir a tecnicismos, y podrá seguir las explicaciones paso a paso como si se tratara de un curso de jardinería, o bien realizar consultas puntuales antes de iniciar cualquier labor. Ya se trate de podar o de segar el césped, en esta obra encontrará todo aquello que le hubieran explicado sus antepasados si hubieran podido disfrutar de las ventajas de la vida actual.

SUE PHILLIPS

Reconocer los tipos de suelo

El suelo es un elemento básico en jardinería, pero existe una gran variedad en lo que respecta a tipos y fertilidad del mismo. Si se trata de un suelo de buena calidad –profundo y fértil–, las plantas se desarrollarán de forma natural por sí mismas; en caso contrario, deberá mejorar su estructura y fertilidad antes de plantar. Aquí le facilitamos algunas claves básicas para averiguar el tipo de suelo y su grado de fertilidad, algo que deberá tener en cuenta antes de embarcarse en cualquier tarea del jardín.

TEXTURA DEL SUELO

Existen tres tipos principales de suelo: los arenosos, los arcillosos y los de marga, y resulta de vital importancia saber a cuál de ellos pertenece el suelo de su jardín. Para ello basta con examinar la textura del mismo, lo cual le proporcionará algunas claves básicas. Si bien no es posible cambiar el tipo de suelo, puesto que su textura dependerá del tipo de roca a partir de la cual se han formado las partículas en su origen, siempre existen formas de mejorarlo y acondicionarlo. De hecho, la mayoría de los suelos de jardín son una mezcla de diversos tipos, e incluso dentro de un mismo terreno el suelo puede variar considerablemente de un sitio a otro.

◁ LOS SUELOS ARCILLOSOS *son difíciles de trabajar, pero es posible realizar una cava profunda en invierno para dejar que las heladas los rompan.*

Los **suelos arenosos,** al deslizarlos entre los dedos, dejan notar la arenisca y en ellos las partículas no permanecen unidas por lo que, tras la lluvia, el agua se dispersa rápidamente. Se trata de suelos ligeros y fácilmente manejables, y se calientan con rapidez después del invierno. El drenaje es bueno, pero los nutrientes escapan fácilmente. Por este motivo requieren un continuo aporte de materia orgánica, en forma, por ejemplo, de compost de jardín bien fermentado, que se descompone con gran rapidez en este tipo de suelos.

Los **suelos arcillosos** son pegajosos cuando están húmedos, y tras la lluvia permanecen encharcados durante largo tiempo. Cuando se seca se trata de un suelo muy duro y con frecuencia su rotura es difícil. Dado que se compacta formando un suelo denso y sin aireación, no resulta fácil de cavar, pero retiene bien el agua y los nutrientes, aunque tiende a encharcarse. Los suelos arcillosos requieren un aporte de materia orgánica bien descompuesta, pero debe añadirse arena para mejorar el drenaje y facilitar la aireación y el trabajo posterior. Debido al reducido tamaño de las partículas de este tipo de suelo, es necesario «abrir» la textura de forma que las raíces puedan penetrar en él y las plantas puedan desarrollarse. No cave los subsuelos pesados de arcilla si desea evitar que se mezcle la capa inferior no fértil con el suelo de la capa superior, de mejor calidad.

La **marga** es fácilmente reconocible como suelo de jardín, ya que al cultivarla y pasar el rastrillo se desmenuza fácilmente. Se trata de un suelo rico, que retiene el agua sin que se produzca encharcamiento y en el cual las plantas presentan un buen desarrollo. El suelo de marga necesita pocas mejoras, en especial si la coloración es oscura, aunque es bueno añadir materia orgánica para ayudar a mantener su fertilidad.

FERTILIDAD DEL SUELO

La idea del jardinero es disponer de un suelo fértil y equilibrado, pero con frecuencia esta tarea requiere tiempo y esfuerzo, sobre todo si se trata de un terreno nuevo con un suelo compactado y lleno de guijarros. Pero todos

EL pH DEL SUELO

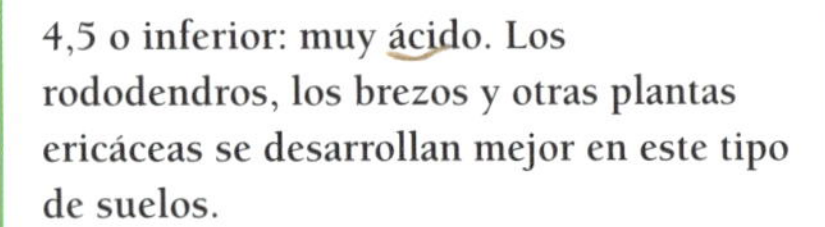

4,5 o inferior: muy ácido. Los rododendros, los brezos y otras plantas ericáceas se desarrollan mejor en este tipo de suelos.

4,5-5: ácido. Las plantas ericáceas soportan este grado de acidez, pero el aporte de cal hará que el suelo resulte más apropiado para un espectro más amplio de especies.

5,5-6,5: de ligeramente ácido a casi neutro; la mayoría de las plantas de jardín se desarrollan bien en un suelo como éste.

7: neutro (el pH del agua).

8: suelo de yeso o calizo; únicamente las plantas tolerantes a la tierra caliza se desarrollan en este tipo de suelo.

◁ **SI MANTIENE EL SUELO** *con los cultivos obtendrá abundantes frutos, flores y hortalizas año tras año.*

▷ **LOS RODODENDROS** *prefieren los suelos ácidos, así que deberá comprobar el pH del suelo antes de plantarlos si quiere asegurar su desarrollo.*

los suelos se benefician del aporte de algún tipo de material orgánico como compost, que mejorará tanto su textura como su fertilidad.

El humus es un material vegetal descompuesto, producto de la acción de las bacterias y otros organismos del suelo, como las lombrices. Es un mejorador natural del mismo y una fuente de nutrientes. Las lombrices desempeñan un papel muy importante, pues realizan excavaciones que ayudan a la aireación y el drenaje, al tiempo que digieren la materia orgánica para elaborar humus y liberar oligoelementos. La mejor forma de contribuir a la labor de las lombrices es añadir abundante materia orgánica al suelo.

Una coloración oscura es indicativa de un suelo bien cultivado, con abundancia de humus. Los suelos con colores muy suaves suelen tener una elevada proporción de arena o yeso, lo que hará que el sustrato se seque rápidamente. Las aglomeraciones o capas de tonalidad amarilla o azulada bajo la superficie son una señal de un mal drenaje, un subsuelo no fértil o de la presencia de arcilla pesada.

LA ACIDEZ DEL SUELO

Los suelos también puede ser de diversos tipos según su grado de acidez o alcalinidad, el cual se expresa frecuentemente mediante su pH. Si desea averiguar si el suelo de que dispone es muy ácido o alcalino, observe las plantas que se desarrollan libremente en él. Si, por ejemplo, en los jardines colindantes abundan los rododendros u otras plantas amantes de las condiciones ácidas como las camelias, *Skimmia*, los brezos o *Pieris*, resulta razonable suponer que se trata de un suelo ácido. La presencia de rocas de yeso junto a la carretera o de plantas que prefieren marga como los claveles, las cincoenramas y *Cistus* sugieren la existencia de un suelo con yeso. Puesto que el pH del suelo determina las especies que se desarrollarán sin problemas en él, conviene siempre comprobar su grado de acidez antes de iniciar la plantación. En los centros de jardinería podrá adquirir equipos pequeños y económicos que le facilitarán la tarea de mejorar su suelo. Uno extremadamente ácido puede neutralizarse con la adición de cal, si es necesario, mientras que en el caso de los suelos calizos se utiliza azufre y abundante materia orgánica, que por lo general provoca una ligera acidificación. Sin embargo, la mejor solución es elegir siempre las plantas adecuadas para cada tipo de suelo.

UTILIZACIÓN DEL EQUIPO DE pH

Tome varias muestras de suelo de diversas partes del jardín, utilizando una palita para extraer lo necesario para llenar un tubo.

Extraiga únicamente 5 cm de la parte superior y no utilice suelo en el que se haya mezclado cemento o se haya realizado alguna quema. Junte las muestras, mezclándolas bien, y si el suelo de las diversas zonas es claramente distinto, realice diversas pruebas. Siga siempre las instrucciones del fabricante. El procedimiento usual consiste en llenar el tubo con suelo de la muestra hasta una señal determinada, y añadir a continuación agua destilada hasta el nivel de la siguiente señal. Se añade después un producto químico, se agita bien y se determina el valor del pH comparando el color de la mezcla con el de la tarjeta de control.

Cavado y mejora del suelo

La materia orgánica es el principal elemento del jardín: añádala para mejorar la estructura y fertilidad del suelo. Realice un cavado doble al preparar el terreno por primera vez, ahorquille más cuando prepare los macizos anuales para la posterior plantación y, en el caso de los arriates con arbustos, los rosales y las especies vivaces, disemínela como un acolchado sobre el suelo.

LA MATERIA ORGÁNICA

La voluminosa materia orgánica puede presentar diversas formas que mejoran la estructura del suelo, creando espacios aéreos entre sus finas partículas minerales. Ello supone un incremento del drenaje y la aireación, lo cual a su vez repercute en una mejora de las condiciones de desarrollo de las plantas y facilita la penetración de las raíces. Además, favorece la acción de las lombrices, cuya actividad también mejora las condiciones del suelo.

La materia orgánica es, en primer lugar, un acondicionador natural del suelo; proporciona únicamente una pequeña cantidad de nutrientes entre los cuales los más importantes son los oligoelementos necesarios sólo en cantidades muy pequeñas y que los abonos químicos (o inorgánicos) raramente proporcionan. Por este motivo deberá añadir tanto fertilizantes químicos como materia orgánica si se propone enfrentarse a la intensa plantación que requiere la jardinería.

EQUIPO PARA EL CUIDADO DEL SUELO

Las herramientas básicas para el cuidado del suelo son una pala y una laya de púas. Con frecuencia es más fácil cavar un suelo pesado con esta última, la cual también es muy útil para dispersar el compost o estiércol cuando se desea mejorar las condiciones del suelo. Sin embargo, en el caso de suelos ligeros es preferible utilizar una pala, puesto que la tierra se escurriría entre los dientes de la laya. Las palas de mango largo facilitan el trabajo, sobre todo si se tiene dolor de espalda.

△ **SIEMBRE CULTIVOS** *para conseguir un abono verde como una alfombra bajo las especies de porte erguido como el maíz. Una vez lograda la cosecha principal, entiérrelo en el suelo.*

EL COMPOST Y EL ESTIÉRCOL

Puesto que va a necesitar abundante materia orgánica, es aconsejable utilizar la disponible en el lugar, lo cual además le resultará más económico. Elija entre el abono de estiércol, el lúpulo usado o el estiércol de champiñonera, disponibles todos ellos en los centros de jardinería en bolsas grandes. También puede reciclar sacos de cultivo usados o fabricar su propio compost reciclando los desperdicios en un contenedor especial para ello: cualquier material orgánico servirá mientras esté bien descompuesto. Durante el proceso de descomposición, el material vegetal es atacado por las bacterias del suelo, a la vez que se consume el nitrógeno; de este modo, se obtiene un material «fresco», con escasez de nitrógeno.

ABONOS VERDES

El cultivo de especies como abono vegetal sirve para mejorar las condiciones del suelo ya que proporcionan tanto nutrientes como materia orgánica. Entre ellas se encuentra el trébol, el alforfón y las gramíneas de forraje; por lo general, se siembran como una alfombra cubriendo el suelo y se incorporan al suelo antes

△ **PARA MEJORAR** *la textura y el drenaje de los pesados suelos arcillosos, utilice arena gruesa o gravilla a razón de 1-2 cubos o más por m².*

△ **AÑADIR CALIZA** *a un suelo ácido evita que los minerales sean «inmovilizados» químicamente.*

de que florezcan. Estos cultivos para elaborar abono verde constituyen un buen sistema para ocupar un terreno vacante de forma que la mejora tenga lugar en el período de espera. Cultivar especies para elaborar abono verde es una forma de almacenar nutrientes en el suelo durante el invierno, que de otro modo podrían ser lavados por la lluvia, y de devolverlos al suelo al cavar. Incorpore estas especies al suelo seis semanas antes de sembrar o plantar.

ACOLCHADOS ORGÁNICOS

De hecho, la única forma de añadir materia orgánica al suelo tras la preparación inicial y la plantación de macizos con arbustos o especies vivaces es mediante una capa de abono en la superficie. Un acolchado es una capa de material, orgánico o no, que cubre el suelo, y está formado por semillas de malas hierbas y plántulas germinadas en la oscuridad, que evita que se desarrollen; tiene poco efecto sobre las malas hierbas vivaces ya establecidas. Entre los materiales adecuados para el acolchado se encuentra el compost de jardín bien descompuesto, el abono de champiñonera gastado, las láminas de corteza y la fibra de coco. Cada año se debe esparcir entre las plantas una capa de 2,5 a 5 cm sobre el suelo cuando éste esté húmedo y libre de malas hierbas. Normalmente se hace en primavera, aunque si se trata de un suelo ligero resulta mucho mejor aplicar un acolchado en primavera y otro en otoño.

BANCALES PROFUNDOS Y BANCALES ELEVADOS

Los bancales profundos son un tipo de bancales estrechos y muy preparados que se utilizan para el cultivo intensivo de hortalizas. No pise el suelo después de cavar e introducir materia orgánica, para evitar que se compacte, y añada materia orgánica adicional en la superficie o pase ligeramente la laya. Los bancales elevados, utilizados en jardines que requieren un escaso mantenimiento o cuando se busca mejorar el drenaje de las plantas alpinas, funcionan del mismo modo, mediante una técnica de «no cavado» tras una profunda preparación inicial y mejora del suelo que se realiza esparciendo una capa de acolchados orgánicos sobre la superficie.

CAVAR EL SUELO

1 Divida el terreno por la mitad y cave una zanja de la profundidad y anchura de una pala, hasta la mitad de un extremo. Extraiga la tierra y apílela en un montón fuera de la zona.

2 Vierta una capa de 5 cm de materia orgánica en el fondo de la zanja y, trabajando de delante hacia atrás, cave a lo largo de la zanja depositando la tierra en ella a medida que avance. Con ello llenará la primera zanja con tierra, creando una segunda zanja.

3 Continúe cavando y añadiendo materia orgánica hasta crear sucesivas zanjas. Cuando llegue al final de la parcela, vuelva al otro lado y llene la última zanja con el suelo extraído de la primera.

4 Para un cavado doble, la anchura de la zanja debe ser la de dos paladas. Añada materia orgánica en la base con la ayuda de una horca, rompiendo el suelo hasta llegar a la profundidad requerida. Cave el terreno rotando la tierra en las sucesivas zanjas de doble anchura y utilice la tierra extraída de la última zanja para llenar la primera.

Elaboración de compost

El compost casero resulta fácil de obtener con diversos materiales de residuo procedentes de la cocina y el jardín. Si recicla los materiales del jardín obtendrá una materia orgánica económica para mejorar el suelo y abonar los arriates. El compostaje además reduce la cantidad de material que ha de eliminarse, al tiempo que proporciona mayor espacio.

△ UN CONTENEDOR *para compost es el reciclador doméstico ideal, pues en él se pueden almacenar los restos de material de cocina, las malas hierbas del jardín, los restos de césped y otros materiales naturales.*

▷ AÑADA MATERIAL NUEVO *en capas de 15 cm junto con tierra o estiércol frescos para su óptimo funcionamiento; termine con una capa de tierra.*

ELABORACIÓN DE UN MANTILLO DE HOJAS

Las hojas de especies otoñales, como el roble, tardan más tiempo en descomponerse que el resto de los materiales de jardín, normalmente un año o más. Puede añadir pequeñas cantidades de hojas junto a una mayor cantidad de material blando pero, si el volumen es mayor, es mejor hacerlo de forma separada en un contenedor especial, construido atando una red de alambre alrededor de cuatro postes formando esquina. Recoja las hojas, depositélas en el contenedor, espárzalas, mójelas y cúbralas con tierra. Cuando esté bien descompuesto, este mantillo de hojas resultará especialmente beneficioso para macizos con plantas boscosas, como capa superficial en márgenes boscosos o para utilizarlo como acolchado.

EL SECRETO DEL ÉXITO

Es posible utilizar cualquier tipo de residuo blando para elaborar compost, incluyendo pieles de frutas y restos de otros vegetales que se emplean en la cocina. Entre los materiales del jardín adecuados se encuentran los hierbajos, las plantas de macizos viejas y los restos foliares que se obtienen al limpiar los macizos de flores; también podemos utilizar restos de setos blandos y de césped cortado. Para un mejor resultado, utilice una mezcla de materiales, ya que si abusa en exceso de un elemento puede hacer que el montón resulte viscoso, en especial si utiliza restos de materiales verdes y blandos como el césped.

Si desea acelerar el proceso de descomposición, añada compost en capas de 15 cm, mojando el material si está seco, antes de añadir un cubo de tierra de jardín o de estiércol animal (el estiércol fresco, sin descomponer, constituye un buen comienzo), lo que favorecerá la acción de las bacterias. Como alternativa, disemine un puñado de sulfato amónico (que proporcionará nitrógeno) o un compuesto activador del compost.

Siga el mismo proceso hasta llenar el depósito, y termine con una capa de tierra. Una vez completada la pila, no añada más material; si dispone de espacio, en su lugar inicie una segunda pila. Para una mayor eficacia necesitará dos o más pilas de compost, de forma que una de ellas se descomponga mientras se llena la otra.

RECIPIENTES PARA COMPOST

Si dispone de cantidades pequeñas de residuos, la mejor opción será un contenedor. En los centros de jardinería podrá elegir entre varios modelos: se trata de contenedores de plástico sin base que favorecen el rápido calentamiento del compost en su interior. Puesto que los laterales son sólidos y cuenta con una tapa,

△ **UN COMPOST BIEN ELABORADO** *tardará de 6 a 12 meses en descomponerse lo suficiente para que esté listo; al final, deberá tener la mitad de su volumen inicial.*

el material se descompone por todo el contenedor, de modo que el situado en los extremos también sufre el mismo proceso y no es necesario remover la pila a mitad del proceso de compostaje.

PILAS DE COMPOST

En los jardines de mayor envergadura, en los que se dispone de mayor cantidad de residuos, el método más económico consiste en tener una pila de compost abierta. Fabrique un contenedor con tablas de madera o red de alambre que quede soportado por cuatro postes formando esquina, o bien disponga de un montón de material suelto. Para que funcione necesitará que sea, al menos, del volumen de un cubo de 1 m de lado. Con los laterales abiertos, el calor se concentra en el centro, de forma que deberá remover la pila transcurridos tres meses para que el material de los lados se desplace hacia el centro, donde podrá descomponerse. Lo ideal es cubrir el compost con una película de plástico durante el invierno o en caso de lluvia, con el fin de mantener el calor y evitar el exceso de agua.

◁ **CUBRA EL SUELO** *de alrededor de las plantas con acolchado de compost bien descompuesto de 2,5-5 cm de grosor, para retener la humedad y controlar el desarrollo de malas hierbas.*

CONTENEDORES DE LOMBRICES

El compost trabajado por lombrices es muy rico, y para él se utilizan recipientes especiales como contenedores de basura con una tapa en la base. Se puede introducir una colonia de «gusanos tigre» o lombrices (disponibles en compañías de jardinería orgánica o de material de pesca, o bien en tiendas de animales) en una capa de material previamente descompuesto en la base de un contenedor. A continuación se han de añadir pequeñas cantidades de material blando finamente desmenuzado, como cáscaras de alimentos y despojos similares, cada pocos días para mantener la «alimentación» de las lombrices. El líquido que se acumula en el contenedor, en la tapa, debe drenarse regularmente diluyéndolo para su utilización como fertilizante de plantas. Cuando el material adquiera una apariencia terrosa, se tamizan las lombrices para llenar un nuevo recipiente. Los contenedores con lombrices requieren ciertos cuidados en su manejo, de modo que es recomendable que siga las instrucciones del proveedor.

Material de compost que debe evitar

- **No utilice nunca malas hierbas vivaces o material vegetal enfermo para hacer compost, ya que el calor generado en el interior podría no ser suficiente para eliminar los organismos, y corre el riesgo de expandir la enfermedad al utilizar más tarde el compost en el jardín.**
- **Evite los materiales leñosos como los restos de poda o tallos de plantas herbáceas, pues éstos se descompondrán más lentamente que otros ingredientes del compost, por lo que la pila tardará más en estar lista. Si no es posible hacerlo de otro modo, rompa los tallos en trozos de menor longitud o utilice una trituradora mecánica para acortar el tiempo de descomposición y, si es posible, descomponga estos materiales por separado.**
- **Separe los restos de césped segado que se hayan tratado con productos químicos contra las malas hierbas de otros ingredientes del compost durante seis siegas después del tratamiento, y descompóngalo por separado durante al menos seis meses. Utilícelo para plantas no comestibles.**

Riego del jardín

Las plantas están compuestas de un 90 % aproximadamente de agua, que se obtiene a través de las raíces y se pierde por las hojas mediante la transpiración. Cuando este elemento escasea, el proceso natural de la planta no puede darse de forma apropiada y el desarrollo se ve afectado; sin agua, la planta se marchitará o morirá. Sin embargo, en la actualidad los contadores de agua, los veranos secos y el uso cada vez más frecuente de mangueras y aspersores obligan a un mayor control sobre su uso, limitándolo a los casos realmente necesarios.

△ **UNA REGADERA** *es un accesorio básico.*

ACCESORIOS ESENCIALES

Cualquier jardinero que se precie necesitará un grifo en el exterior, bien revestido para que soporte las heladas invernales y con un mecanismo que evite el reflujo del agua. Además, el empleo de una manguera le permitirá alcanzar cualquier rincón del jardín. Si dispone de diversos macizos cultivados, además de macetas y un invernadero, ganará tiempo si instala un sistema sencillo compuesto por tuberías perforadas a través de las cuales pueda salir lentamente el agua, o de boquillas individuales colocadas sobre las plantas. Esto puede conectarse a un sistema computerizado fijado al grifo, lo que temporaliza automáticamente el riego a intervalos determinados, algo que resulta ideal para gente muy ocupada o cuando uno se va de vacaciones.

△ **ENCONTRARÁ ARTILUGIOS ESPECIALES** *para vertir el agua de las mangueras que se encuentran a nivel del suelo hasta bidones de agua para su utilización en el jardín. Puede unir diversos bidones.*

△ **LAS TOMATERAS** *son plantas sedientas que requieren una gran cantidad de agua. Inserte macetas vacías en sacos de cultivo para que el agua se filtre lentamente.*

CÓMO Y CUÁNDO REGAR

La peor forma de regar es hacerlo mediante riego escaso y frecuente. Es mucho mejor proporcionar a las plantas una buena cantidad, tanto si se encuentran en macetas como en la tierra. Deje que el agua drene y no vuelva a añadir más hasta que se haya secado. No confíe en regar a intervalos regulares, ya que las condiciones climatológicas pueden variar. Compruebe si ha de regar las plantas hundiendo un dedo en la maceta o cavando un agujero de 10 cm en la tierra con la ayuda de una palita: aunque la parte superior esté seca, puede que la capa inferior aún esté húmeda. Si el clima es frío, es preferible regar las plantas por la mañana para que el follaje esté seco antes de que anochezca, con lo que evitará la propagación de enfermedades fúngicas. Cuando haga calor, por el contrario, es mejor regar por la tarde de modo que las plantas dispongan de humedad durante toda la noche antes de que salga el sol y se evapore el agua. Nunca se olvide de regar en invierno. Las macetas plantadas con especies rupícolas de invierno y las vivaces necesitan un riego ocasional; compruebe el nivel de humedad cada semana.

Δ **CON LA HUMEDAD ADECUADA** *las plantas sanas y bien alimentadas muestran todo su esplendor en verano. Una manguera perforada alrededor del borde de este arriate facilita el riego de las plantas enraizadas superficialmente.*

ENFRENTARSE A LA SEQUÍA

- Disminuya la necesidad de riego en los veranos secos preparando bien el suelo al disponer un macizo nuevo. Realice un cavado doble, añadiendo abundante materia orgánica bien descompuesta que retenga el agua.
- Elabore su propio compost e introduzca, con la ayuda de una horca, tanta materia orgánica como sea posible durante el cavado de invierno. Acolche los macizos con 5 cm de compost o corteza en otoño o principios de la primavera, mientras el suelo esté húmedo, pero no lo haga si está seco, ya que esto dificultaría la penetración del agua de lluvia. Utilice arena para acolchar las rocallas.
- Instale recolectores de agua de lluvia para llenar bidones de agua o barriles de plástico.
- Si en su localidad hay frecuentes sequías, considere la posibilidad de modificar el diseño de su jardín, de modo que éste disponga de más zonas pavimentadas en lugar de muchas que requieren de agua. Añada gravilla alrededor de arbustos resistentes a la falta de agua y especies mediterráneas en lugar de intentar llenar el jardín de macizos de plantas.

CONSEJOS PARA UN RIEGO EFICAZ

- Utilice el agua donde más se necesite: las plantas de enraizamiento superficial como las hortalizas, las anuales y los arbustos recién plantados tienen prioridad de riego, junto con aquellas plantadas en macetas y bajo cristal.
- No malgaste el agua en el césped: un aspersor puede utilizar hasta 1.000 litros de agua por hora, que es casi tanto como lo que gasta una familia de cuatro personas en dos días. Aunque el césped adquiera una tonalidad marrón, volverá a su coloración inicial con las lluvias de otoño. No abone un césped que sufra tensión como resultado de la falta de agua pues con frecuencia se chamusca.
- Los árboles maduros y los arbustos pueden defenderse por sí solos; el riego sólo favorece que las raíces salgan a la superficie, lo que a su vez hace que las plantas se vean más afectadas por las condiciones secas.
- En las artesas y las cestas colgantes, utilice geles retentivos del agua, y en los macizos de flores introdúzcalos en el suelo con ayuda de una laya, especialmente si cultiva especies anuales.
- En el caso de las hortalizas, plantas de ensalada y frutas blandas, dispóngalas en macizos profundos de cultivo intensivo en lugar de cultivarlas a largo plazo, y utilice sólo las necesarias si desea ahorrarse tiempo y trabajo.
- Cuando riegue los arbustos nuevos, vierta directamente el agua sobre las raíces con la ayuda de botellas de plástico viejas a las que se haya cortado la base, en lugar de hacerlo directamente sobre el suelo, donde se evaporará rápidamente.
- Entrecave con regularidad; las malas hierbas compiten por el agua con las plantas, y el cavado crea un «acolchado» que ayuda a evitar la evaporación del suelo húmedo más profundo.

Abonado de las plantas

En la naturaleza, las plantas pueden vivir en un suelo sin acondicionar, incluso pobre, utilizando únicamente los nutrientes reciclados de animales y plantas muertos que se descomponen de forma natural. Cientos de años de adaptación a las condiciones del suelo han asegurado la supervivencia de las especies más apropiadas. Pero en los jardines, donde se cultivan plantas de forma artificial en arriates a los que se aplica un cultivo intensivo o en macetas, las plantas necesitan un aporte adicional de nutrientes.

△ **LOS FERTILIZANTES SÓLIDOS** *se encuentran disponibles en diferentes tipos y grados. Lea las instrucciones del paquete para ver los nutrientes que proporcionan.*

▷ **LAS ESPECIES VIVACES** *plantadas juntas en un arriate de flores se beneficiarán de un abonado en la estación de desarrollo que permitirá prolongar la floración al máximo.*

FERTILIZANTES

Los fertilizantes generales proporcionan los tres nutrientes principales –nitrógeno, potasio y fósforo– en un equilibrio ideal. Los productos orgánicos también suponen el aporte de elementos minoritarios, como el hierro y el magnesio, así como oligoelementos. En la tabla de la página siguiente se especifican las funciones de cada uno de ellos. Puede escoger entre diversos productos, aunque sólo necesitará unos pocos.

△ **DISEMINE UN PUÑADO** *de fertilizante general alrededor de los arbustos al principio de la estación de crecimiento, siguiendo las instrucciones del fabricante. Cave bien y riegue si es necesario.*

FERTILIZANTES SÓLIDOS

Los fertilizantes granulados o en polvo están diseñados para su uso con plantas que se desarrollan en macizos de jardín y arriates; aunque se utilizan sobre todo para preparar el suelo, ocasionalmente se diseminan durante el período de desarrollo. Los fertilizantes completos son los mejores como opción general, ya que proporcionan una cantidad equilibrada de los principales nutrientes vegetales. Los fertilizantes de un solo nutriente son para un uso ocasional, en caso de que se requiera de una mayor cantidad de un nutriente en particular frente a otros (como el sulfato o el potasio, que se emplean para favorecer la floración y fructificación de los árboles y arbustos frutales).

FERTILIZANTES LÍQUIDOS

Los fertilizantes líquidos o solubles deben diluirse en agua, y constituyen la mejor opción para las plantas que se desarrollan en macetas y otros tipos de recipientes. Cuando los nutrientes están casi disueltos no hay riesgo de que el fertilizante alcance las raíces y las queme.

FERTILIZANTES DE LIBERACIÓN LENTA

Los fertilizantes de liberación lenta y las tabletas son una alternativa a los fertilizantes solubles en el caso de las plantas cultivadas

LOS NUTRIENTES VEGETALES Y SUS BENEFICIOS

NUTRIENTES PRINCIPALES

Nitrógeno (N): utilizado por las plantas en el desarrollo de las hojas y tallos sanos.

Potasio (K): empleado para la producción de flores y frutos sanos.

Fósforo, fosfato (P): raíces sanas.

NUTRIENTES MINORITARIOS

El hierro y el magnesio son constituyentes de la clorofila. El calcio forma parte de las paredes celulares.

La **deficiencia de hierro** provoca el amarilleamiento (clorosis) de las hojas; se pone de manifiesto cuando especies que se desarrollan en suelos ácidos, como el rododendro, no lo hacen con normalidad.

La **deficiencia de magnesio** se refleja en una coloración amarilla de las hojas y una nerviación de color verde (apreciable en tomateras y rosales).

La **deficiencia de calcio** se manifiesta en la podredumbre de los extremos de las flores de los tomates y en un sabor amargo en las manzanas; con frecuencia se asocia con un aporte irregular de agua.

Oligoelementos Una gran cantidad de otros minerales se requieren en cantidades muy pequeñas.

en recipientes; normalmente es suficiente una aplicación para toda la fase de desarrollo.

FERTILIZANTES FOLIARES

Se trata de fertilizantes líquidos que se rocían muy diluidos sobre las hojas; resultan una forma económica de que las plantas con raíces dañadas o que necesitan un tónico dispongan de nutrientes. Es posible también utilizar fertilizantes de raíz para las hojas si se diluyen, pero debe leer las instrucciones para asegurarse.

FERTILIZANTES PARA USOS ESPECIALES

En el mercado encontrará mezclas especiales de fertilizantes líquidos o sólidos para cubrir

▽ LOS FERTILIZANTES FOLIARES *normalmente se rocían sobre las hojas de las plantas; utilícelos para proporcionar a sus plantas una ayuda.*

las necesidades de determinadas plantas, como por ejemplo los rosales, el césped o las tomateras. En ocasiones se combinan con tratamientos químicos –como un herbicida añadido a un fertilizante para césped– en cuyo caso deben utilizarse sólo para aquella función determinada. En algunos, el espectro de acción es más amplio, como el fertilizante líquido para tomates con un nivel elevado de potasio, que puede utilizarse también con el resto de las plantas de flor. Empléelo en especies como las fucsias cultivadas en macetas u otros recipientes.

QUÉ HACER Y QUÉ EVITAR CON LOS FERTILIZANTES

✔ Siga siempre las instrucciones del fabricante de forma precisa.

✘ No exceda nunca la dosis recomendada de utilización, pues un exceso de fertilizantes puede quemar las raíces. Si aplica un producto en exceso por error, lave el suelo o sustrato con abundante agua.

✔ Aplíquelos al principio de la estación de desarrollo, cuando el tiempo sea bueno y se haya iniciado el nuevo crecimiento. Durante este período introduzca regularmente los nutrientes pero detenga el proceso al final de la estación, ya que de otro modo se favorecería el desarrollo de tejido blando, poco resistente a las heladas.

✘ No aplique fertilizantes cuando la planta se encuentre en situación de tensión por escasez de agua o se vea atacada por una plaga o enfermedad, ni durante el período de letargo.

✔ Utilice fertilizantes sólidos en suelos húmedos y cave a continuación para introducirlos bien en su interior. Riegue la superficie del suelo seca.

✘ No deje que los gránulos de fertilizante se queden en el follaje pues éste se quemaría. Lávelo con agua limpia.

Elección del césped

La hierba ha sido tradicionalmente el césped más empleado en jardines, pero cuando la escasez de agua durante el verano dificulta su buen mantenimiento, es mejor optar por los céspedes alternativos especialmente elaborados para soportar la sequía. En los pequeños jardines urbanos permanentemente sombríos o con un suelo arcilloso pobre, la solución más adecuada sería colocar en su lugar gravilla o pavimento.

△ **LOS CÉSPEDES DE FLORES SILVESTRES** *se siegan en primavera y otoño, una vez que las flores han liberado sus semillas.*

CÉSPEDES DE GRAMÍNEAS

Piense cuidadosamente en el césped adoptando un punto de vista lo más práctico posible, en especial en lo que se refiere a la siega. En un jardín de tipo formal elija una forma geométrica –un círculo, un cuadrado, un hexágono o un rectángulo– o cualquier otro elemento formal si desea obtener un efecto original. Si se trata del jardín de una casa de campo o de estilo silvestre, diseñe senderos de césped serpenteantes que discurran entre arriates de flores naturales. Un final de sendero pavimentado o duro facilitará el paso de la máquina cortacésped, al tiempo que evita que las plantas se desarrollen en exceso sobre los márgenes adyacentes y que se observen calvas o zonas amarillentas.

▽ **LAS CURVAS GENEROSAS** *en el césped facilitan el paso de la máquina cortácesped a su alrededor.*

CÉSPEDES DE FLORES SILVESTRES

En los jardines silvestres y en zonas alejadas de la casa, la opción ideal es un césped de flores creado a partir de una mezcla de semillas de hierbas y flores silvestres. También puede trasplantar plantas desarrolladas en macetas a un tepe ya establecido, y dejar que se expandan de forma natural; diseminar las semillas sobre el tepe no da buenos resultados. La siega de larga duración se realiza una o dos veces al año, a principios de la primavera y en otoño, de forma que las flores puedan completar su ciclo vital y liberar las semillas. Conseguirá una apariencia silvestre en un césped doméstico si permite que se desarrollen «hierbas» como belloritas y becabungas y limita el uso de herbicidas o fertilizantes. Con ello se detendrá el desarrollo del césped, pero las especies silvestres se verán realmente fortalecidas.

△ **LOS CÉSPEDES DE TRÉBOL** *toleran la escasez de agua y, al ser compactos, necesitan una siega escasa.*

CÉSPEDES DE TRÉBOL

Los céspedes de trébol adquieren una popularidad cada vez mayor en lugares con veranos secos y cálidos. Se suelen sembrar cepas compactas de trébol blanco solas o mezcladas con gramíneas, y el «césped» resultante permanece verde en períodos secos y elabora su propio nitrógeno utilizando nódulos fijadores de este elemento sobre las raíces. Durante el verano el césped atraerá a las abejas, de modo que deberá tener sumo cuidado cuando lo atraviese.

∆ **LOS CÉSPEDES DE MANZANILLA Y TOMILLO** *forman una aromática «alfombra», pero no soportan un tránsito excesivo.*

CÉSPEDES DE HIERBAS AROMÁTICAS

Las opciones más habituales son la manzanilla y el tomillo. Para los céspedes de manzanilla elija la variedad sin flor «Treneague», mientras que, en el segundo caso, cualquier variedad de tomillo reptante, en color dorado, plateado o verde nos proporcionará una buena cobertura para el suelo. Los dos requieren para su desarrollo un sitio soleado con un drenaje muy bueno, aunque no toleran un tránsito excesivo, de modo que es mejor colocar un sendero de losas si se va a cruzar la zona con frecuencia. También puede optar por un modelo alterno de losetas y cuadros plantados con hierbas aromáticas si busca un efecto poco usual. Cuando prepare el suelo, incorpore abundante arena o grava y, a menos de que presente un buen drenaje, disponga una capa de 5 cm de grava y plante sobre ella.

CÉSPEDES DE ESPECIES ALPINAS

Si planta diversas especies rupícolas de desarrollo bajo y formadoras de matas junto a grupos de bulbos enanos, obtendrá un césped muy decorativo. El resultado es una verdadera alfombra persa, con un colorido cambiante a lo largo de las estaciones, pero no es un césped por el que se pueda caminar, así que coloque senderos pavimentados o de gravilla. Prepare el suelo como en el caso de los céspedes de hierbas aromáticas.

ALFOMBRA DE ERICÁCEAS

Utilice variedades postradas y grupos de especies arbustivas y compactas de brezo si desea lograr un efecto ondulante. Aunque soporta bien un tránsito no demasiado excesivo, es preferible disponer de senderos o pavimento a su alrededor. Requiere un suelo soleado y bien drenado, rico en materia orgánica.

¿TEPE O SEMILLA?

El tepe constituye la elección más habitual, y a que proporciona un césped instantáneo, pero no resulta económico y requiere una cuidada colocación. Elija siempre un tepe desarrollado a partir de semilla. El tepe de pradera es una opción más económica, pero con frecuencia viene acompañado de malas hierbas y gramíneas de peor calidad.

A largo plazo las semillas son más económicas y, por lo general, proporcionan mejores resultados que el tepe, pero tardan varios meses en formar un césped utilizable. Los períodos para una siembra eficaz son limitados, ya que las semillas germinan mejor a principios del otoño y finales de la primavera. En el mercado encontrará diversas mezclas de semillas: si se va a pisar con frecuencia, opte por gramíneas que soporten un uso continuo; en caso de que se trate de un césped más ornamental, elija una gramínea fina y una mezcla de semillas tolerantes a la sequía o a la sombra para las zonas más problemáticas.

CUIDADO DE CÉSPEDES DE ESPECIES NO GRAMÍNEAS

✔ Obténgalos a partir de plantas, no de semillas.
✘ No siegue: recórtelos con la ayuda de unas tijeras cuando sea necesario o utilice un extractor para levantar ligeramente las plantas.
✘ No utilice nunca herbicidas para césped, ya que eliminarán los tréboles y las hierbas aromáticas. Si es necesario, desherbe manualmente, aunque la plantación densa minimiza esta necesidad.
✘ No camine demasiado sobre estos céspedes: no toleran un tránsito excesivo.

Cómo empezar a cultivar un césped

Para obtener buenos resultados, lo ideal es una buena preparación inicial del terreno, tanto si desea reemplazar un césped descuidado como si se trata de uno nuevo plantado sobre un terreno vacío. Con ello evitará problemas posteriores y su mantenimiento será más sencillo, pues, una vez la hierba cubre el suelo, resulta más complicado tratar problemas como los de las malas hierbas, o un suelo pobre o descuidado.

LIMPIEZA DEL TERRENO

Es aconsejable limpiar el terreno meses antes de disponer el césped para tener tiempo suficiente para tratar las malas hierbas vivaces de forma adecuada. Empiece retirando las piedras y otros residuos y, a continuación, elimine la hierba o las malas hierbas vivaces regando la zona con un herbicida de traslocación, que actuará sobre las raíces y el follaje e impedirá que la planta se desarrolle. Después, deje pasar de seis a ocho semanas y, una vez eliminadas las malas hierbas, cave o realice una profunda rotación del terreno y extraiga las raíces de las malas hierbas vivaces. Si éstas vuelven a salir transcurridas pocas semanas, repita el proceso. En el caso de las malas hierbas anuales, simplemente cave para evitar que las semillas se establezcan.

MEJORA DEL SUELO

Disemine materia orgánica o arena (para suelos arcillosos) y cave posteriormente para acondicionar el suelo. Compruebe el nivel del terreno mientras trabaja: si el desnivel es marcado, extraiga la capa superficial, nivele el subsuelo y, después, reemplácela por suelo superficial sin mezclar ambos.

▷ **ALGUNOS DISEÑOS DE JARDÍN** *alternan zonas de césped con superficies duras como gravilla o pavimento, de modo que tras la época húmeda se pueda utilizar parte del jardín.*

COLOCACIÓN DEL TEPE

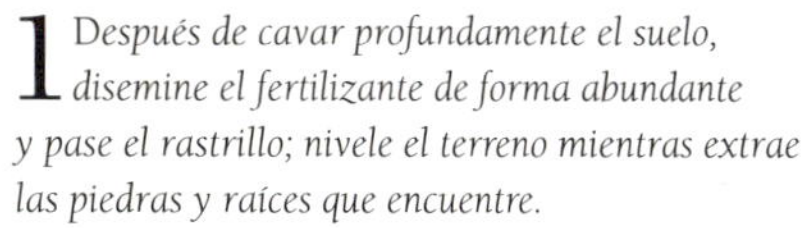

1 Después de cavar profundamente el suelo, disemine el fertilizante de forma abundante y pase el rastrillo; nivele el terreno mientras extrae las piedras y raíces que encuentre.

2 Afirme toda la zona, pisando de modo que sienta el peso sobre sus tobillos: con un rodillo sólo conseguirá aplastar los salientes del terreno y dejar huecos.

3 Para evitar que se noten las pisadas sobre la superficie del suelo, utilice una tabla larga. Empiece por un extremo y trabaje hacia adelante. Desenrolle los tepes y colóquelos en fila, de modo que se toquen unos con otros.

4 Afirme la primera hilera con la parte posterior del rastrillo. Desplace la tabla un poco y coloque la segunda hilera de tepes como los ladrillos de una pared, de modo que las uniones entre tepes adyacentes no coincidan. Riegue regularmente hasta que el césped esté establecido.

Una semana antes de sembrar o colocar el tepe, rocíe con un fertilizante general, como sangre o restos de peces y huesos, o bien con uno especial, y pase bien el rastrillo, nivelando el suelo mientras extrae las piedras y residuos. A continuación acondicione bien la zona para que el suelo se aposente, y vuelva a pasar el rastrillo, nivelando y afirmando la superficie tantas veces como sea necesario.

SIEMBRA DE SEMILLAS

La época más idónea para la siembra resulta de vital importancia: siembre a finales de la primavera o principios del otoño. Elija semillas apropiadas para la zona y el uso que vaya a hacer del césped: las mezclas de césped fino requieren un mantenimiento constante, mientras que las gramíneas modernas resisten un paso continuado y un mayor desgaste. En caso de lugares sombríos u otras condiciones difíciles, encontrará mezclas especiales de semillas, mientras que si lo que desea es obtener una apariencia silvestre, podrá adquirir semillas de flores silvestres. Disemínelas cuidadosamente a razón de 25 g por m^2 (practique primero con una hoja de papel sobre el suelo del garaje), y marque la zona con la ayuda de cañas o cintas. Rastrille las semillas en la superficie del suelo y, si no llueve en 24 horas, entonces riegue.

COLOCACIÓN DEL TEPE

Puede hacerlo cuando desee en invierno, desde mediados del otoño hasta finales de la primavera, excepto si el suelo está muy húmedo o si el clima es frío o hiela. El tepe preparado no resulta económico, pero es de calidad elevada y está libre de malas hierbas; el de pradera, por su parte, puede presentar calvas y malas hierbas. En el recuadro superior encontrará los pasos principales a seguir para la colocación de un tepe.

MANTENIMIENTO

Si el clima es seco, riegue bien y espere a que el tepe haya enraizado (compruébelo intentando extraer un trozo después de unas seis semanas) o hasta que haya cortado un par de veces el césped en el caso del obtenido a partir de semilla. Siegue el tepe nuevo tan pronto como sea necesario. En cuanto al césped de semilla, córtelo por primera vez cuando las puntas más largas tengan una altura de 5 cm con la ayuda de unas tijeras manuales, ya que las máquinas cortacésped pueden arrancar la hierba nueva. Realice las dos siegas siguientes con un cortacésped ligero (es decir, una segadora) y con las cuchillas ligeramente altas.

Si se trata de un césped nuevo no se preocupe por las malas hierbas, en especial si se ha obtenido a partir de semilla: una vez iniciadas las siegas regulares, las de desarrollo erguido morirán pronto. Si después utiliza un herbicida, podrá eliminar asimismo las malas hierbas formadoras de rosetas, pero evite la utilización de un herbicida o un fertilizante en el césped nuevo durante los primeros seis meses.

Cuidado rutinario del césped

No resulta difícil mantener la hierba en buenas condiciones y establecer una rutina para su mantenimiento. Mediante una siega y un abonado regulares, obtendrá un césped verde, denso y libre de malas hierbas. Además, si está bien cuidado, soportará mejor la sequía y el tránsito continuo que si está descuidado.

SIEGA

Siegue una vez a la semana o más durante el verano, y una vez al mes durante el invierno. Con ello no sólo conseguirá que la hierba posea un mayor grosor, sino que controlará las malas hierbas, con lo que disminuirá el empleo de herbicidas. Para los céspedes normales deberá cortar a 2-2,5 cm, mientras que en el caso de los céspedes de mayor calidad el corte deberá ser ligeramente inferior. Varíe la altura del corte ajustando las cuchillas de la máquina cortacésped, dejando la hierba 1,2 cm más alta en invierno y durante los períodos más secos del verano, y reduciendo la altura de nuevo cuando las condiciones de desarrollo mejoren.

Recorte siempre los bordes del césped tras la siega para que tenga un apariencia limpia, bien sea con la ayuda de unas tijeras, un bordeador eléctrico o una recortadora de látigo. Los bordes de césped bien cuidados permiten un mejor recorte y evitan que las malas hierbas se desarrollen entre los arriates circundantes. Si desea mantenerlos limpios, utilice una pala cortante de media luna en primavera, y extraiga la tierra para dejar un borde vertical firme de una profundidad de 5-7,5 cm.

△ **UTILICE UNAS CIZALLAS DE MANGO LARGO** *sosteniéndolas verticalmente y presionando la cuchilla contra el césped para realizar un corte limpio. Mantenga la cuchilla inferior horizontal y utilice la superior para cortar.*

◁ **SI DESEA UN CÉSPED A BANDAS,** *utilice un cortacésped de cilindro y dé la vuelta al final de cada banda; vuelva hacia atrás en la posición opuesta.*

ABONADO

Abonar la hierba la mantiene verde y gruesa. Si ésta es delgada y con claros, el desarrollo de malas hierbas se verá favorecido, puesto que las semillas pueden germinar más fácilmente en un suelo desnudo; en cambio, las plántulas se alisarán si la hierba es densa. Utilice un abono de césped con un elevado contenido de nitrógeno a finales de la primavera, y sustitúyalo por un producto combinado de abono y tratamiento contra las malas hierbas o musgo (si tiene algún problema, recuerde que los rodales pequeños de malas hierbas o musgos pueden tratarse individualmente). El abono de finales de la primavera es el más importante. Si su césped va a soportar un tránsito continuo, en el caso de que, por ejemplo, se utilice para jugar o hacer deporte en él, es preferible repetir el abonado con regularidad cada seis semanas hasta mediados del

Δ **SI EL SUELO ESTÁ SECO** *aplique un fertilizante líquido con la ayuda de un rociador manual fijado en el extremo de una manguera. El fertilizante líquido, además, constituye una ayuda para el césped.*

Recortadoras giratorias

Se trata de máquinas que se accionan manualmente para cortar las hierbas altas de los céspedes situados contra un seto o un muro, o bien cuando no es posible el empleo del cortacésped. No las utilice alrededor de los árboles o setos, ya que puede cortar la corteza y dañarla. La mayoría de las recortadoras son eléctricas, pero encontrará algunos modelos que funcionan con gasolina. Siga siempre las instrucciones de seguridad.

verano. Trate el césped en otoño con un cuidado programa diseñado para soportar el invierno y prepararlo para el año siguiente.

Δ **LAS PUNZADORAS DE PÚAS HUECAS** *extraen cilindros de tierra al introducirlas en el suelo. Sacuda la tierra e introduzca arena en los agujeros que quedan en el césped para mejorar la aireación y el drenaje.*

Empiece rastrillando bien, ya sea manualmente o mediante un rastrillo mecánico, con el fin de eliminar los musgos y otros detritos similares acumulados. El material obtenido puede descomponerse para hacer compost. El trasiego continuado sobre el césped lo compacta y disminuye la aireación del suelo, al tiempo que empobrece el drenaje y crea condiciones poco sanas, por lo que deberá punzar en otoño para evitar la compactación (*véase* izquierda). Finalice con la aplicación de un fertilizante para césped especialmente formulado para su uso en otoño, que contenga una escasa proporción de nitrógeno, lo que favorece el buen desarrollo de las raíces más que de la parte foliar. En el caso de suelos pesados y arcillosos, vierta un poco de arena en la superficie para evitar que ésta se encharque con la humedad excesiva y facilitar el drenaje. En otros casos puede utilizar un sustrato tamizado o un suelo rico. Aplique un cubo por m^2 y trabájelo con la parte posterior de un rastrillo o una escoba.

Consejos para obtener resultados óptimos

✔ Si ha de aplicar productos granulados utilice una sembradora, ya que resultan difíciles de aplicar manualmente. Mida con sumo cuidado los productos líquidos y dilúyalos en la proporción indicada. Marque el césped con la ayuda de cintas para asegurar una adecuada aplicación.

✔ En el caso de abonos granulados y tratamientos del césped, riegue si no llueve en las 48 horas siguientes a su aplicación, o bien utilice una fórmula líquida que no necesite riego.

✘ No utilice herbicidas justo antes de la lluvia. El producto, que se deposita en las hojas de las malas hierbas, requiere 12 horas o más para lograr su efecto.

✔ En primavera y verano, utilice un abono para césped especialmente formulado para el otoño en lugar del abono usual si desea que la hierba crezca más gruesa y con una apariencia fuerte y recta, lo que implicará una siega más frecuente.

✔ Compre una regadera especial sólo para su utilización con herbicidas para césped; aunque la lave bien, siempre quedarán restos que pueden afectar a las plantas sensibles.

✘ No utilice abonos para césped ni productos líquidos en un césped que haya adquirido una coloración marrón debido a la sequía ya que puede sufrir un efecto peor que el chamuscado. Espere hasta después de una lluvia prolongada, cuando la hierba haya empezado a desarrollarse de modo natural de nuevo; a continuación, elimine las hierbas muertas y aplique un abono de acción a medio plazo.

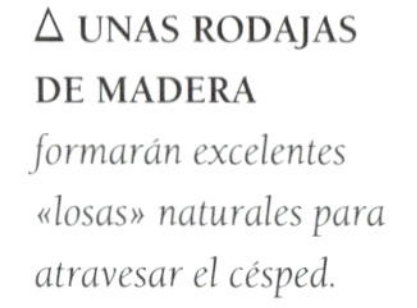

Tratar los problemas del césped

Un césped perfecto embellece todo el jardín, mientras que, por el contrario, si ofrece un aspecto descuidado, incluso el mejor jardín tendrá una apariencia desagradable. Si trata los problemas del césped de la manera apropiada y tan pronto como aparezcan, la curación puede resultar rápida y sencilla.

Δ **UNAS RODAJAS DE MADERA** *formarán excelentes «losas» naturales para atravesar el césped.*

ERRADICAR LAS MALAS HIERBAS

Por lo general, las malas hierbas constituyen un problema cuando el césped no es muy denso o presenta calvas, pero un abonado regular proporcionará un mayor espesor a la hierba al tiempo que controlará los elementos indeseables. Las malas hierbas de hábito erguido raramente son un problema en los céspedes, puesto que la siega continua las debilita y acaba eliminándolas. Las más comunes son las formadoras de rosetas de desarrollo bajo y las que forman esteras, como la bellorita, el diente de león, el botón de oro, la verónica y los tréboles *Trifolium pratense* y *T. repens*, que suelen pasar bajo las cuchillas de un cortacésped. Elimine una a una las malas hierbas de hojas grandes con la ayuda de un herbicida apropiado, y si debe tratar una zona muy extensa, utilice un herbicida líquido o un tratamiento granular. *Trifolium pratense*, la verónica y *Trifolium repens* son difíciles de eliminar; utilice un producto líquido especial para las especies de hojas pequeñas o sencillamente

∇ **VISUALMENTE,** *el césped es el equivalente en el exterior a una alfombra de una sala de estar. Como ésta, también requiere de un cuidado regular para evitar su desgaste y hacer que ofrezca su mejor apariencia.*

▷ **LOS SENDEROS DE HIERBA** *son sensibles a un tránsito excesivo. Afirme la superficie diseminando arena gruesa con el fin de evitar que se vuelva viscosa cuando haya humedad.*

elimínelas con la ayuda de una palita o un extractor. Las malas hierbas formadoras de esteras, como *Trifolium repens*, se extraen fácilmente si se encuentra el centro de la planta y se retuerce hasta hacer salir las raíces.

CÓMO TRATAR EL MUSGO

En zonas húmedas y sombrías con suelos pobres y compactados, el musgo tiende a ser un problema, así como en los casos en los que la máquina cortacésped siega demasiado cerca del cuello del césped. En primer lugar deberá mejorar el drenaje y evitar la compactación si desea detener la invasión del musgo, aunque tras un invierno húmedo éste puede hacer su aparición en cualquier césped. Trátelo con un producto líquido especializado o una combinación granulada de supresor de musgo y abono para césped a mediados de la primavera. El musgo adquiere una tonalidad oscura cuando está muerto y es entonces el momento adecuado para eliminarlo, ya que los musgos vivos son más difíciles de eliminar, pues quedan pequeños fragmentos que pueden rebrotar.

ALGAS Y LÍQUENES

Constituyen un problema en suelos arcillosos cuando las condiciones son húmedas, y el césped puede resultar peligrosamente resbaladizo. Rasque lo que pueda y, a continuación, emplee una punzadora de púas huecas o un cuchillo e introduzca arena en los agujeros para mejorar el drenaje. Algunas marcas de eliminadores líquidos de musgo también resultan eficaces para líquenes y algas: lea la información en el paquete.

CORROS DE BRUJAS

Se trata de círculos de pequeñas setas que crecen durante todo el año y se marchitan en verano, pero que se rehidratan tras la lluvia. Su tamaño es cada vez mayor, y dejan en su interior una hierba débil de una coloración amarilla y un anillo de hierba brillante y verde justo alrededor del hongo. La curación no es fácil; tendrá que cavar el suelo hasta una profundidad de 45 cm, tratarlo con un esterilizador de suelo de base fenólica si es posible, llenar el agujero con tierra nueva y volver a plantar el tepe. No se preocupe por la aparición de hongos ocasionales en otoño, pues éstos se desvanecerán con las primeras heladas.

DAÑO CAUSADO POR EL TRÁNSITO

El tránsito regular sobre el césped en una misma dirección producirá la aparición de una calva, por lo que es preferible disponer de un sendero con pavimento duro o un camino de losas para dirigirse al granero, al garaje o a la pila de compost. Si ha de transportar carretillas pesadas por el césped con tiempo húmedo, evite que se formen hoyos colocando un sendero temporal de plástico grueso.

REPARACIÓN DE BORDES ESTROPEADOS

Sustituya los bordes estropeados o rotos del césped con el recorte de un cuadrado de tepe que incluya la zona dañada. Levántelo, déle la vuelta y colóquelo de nuevo de manera que la parte dañada quede hacia el interior. Añada al agujero sustrato para siembra o tierra fina de jardín, disemine semillas de hierba por encima, pase el rastrillo y riegue.

TRATAMIENTO DE LA SEQUÍA

Durante una sequía prolongada, la hierba adquiere primero una tonalidad amarilla y, más tarde, marrón. Pocas veces está realmente muerta y por lo general renace en cuanto empieza la lluvia otoñal. No abone el césped durante la época de sequía para intentar que se vuelva verde, porque sencillamente lo empeorará. Una vez aparezcan las lluvias, perfórelo para facilitar la penetración del agua (la lluvia tarda en penetrar, y en ocasiones se queda justo en la superficie y se evapora). No abone hasta después de que la hierba haya adquirido su color verde característico de forma natural.

CALVAS AMARILLAS

Las causas de este problema pueden ser diversas. Si observa que un animal utiliza el césped para orinar, diluya la orina con un poco de agua. Evite asimismo las gotas de gasolina de la máquina cortacésped recargándola en una superficie dura, no sobre la hierba, y rellene los rociadores con fertilizante sobre el pavimento.

DESCUIDO GENERAL DEL CÉSPED

Normalmente resulta más económico y sencillo reparar un césped descuidado que sustituirlo por uno nuevo. Realice una siega regular, abone con fertilizantes para césped a intervalos de seis semanas desde mediados de la primavera hasta mediados del verano y aplique un tratamiento para erradicar los musgos y las malas hierbas en primavera, además de un cuidadoso programa en otoño (*véase* pág. 21).

SEMBRAR LAS CALVAS

Las calvas estropean la buena apariencia de un césped ya que permiten que las malas hierbas lo colonicen y debiliten en condiciones húmedas. La solución consiste en volver a sembrar las zonas vacías o de escaso grosor en primavera u otoño. Rastrille la hierba muerta y pinche el suelo con la ayuda de una horca. Disemine las semillas de césped y riegue; a continuación, cúbralo con una red.

Plantación de un seto

Tradicionalmente, los contornos de un jardín suelen señalarse mediante setos. Como límite, son más permanentes que las vallas, pero requieren mayor espacio y un mantenimiento regular. Dependiendo del tipo empleado y del terreno elegido, el seto puede proporcionar tanto un respaldo para otras plantas durante todo el año o una densa barrera permanente como un límite informal con flores o un acabado original para macizos o senderos.

SUELO Y SITUACIÓN

A la hora de cultivar un seto, elija siempre plantas que resulten adecuadas para las condiciones de su jardín. En un suelo gredoso y expuesto, la mejor opción es el haya, mientras que *Lonicera nitida* da buenos resultados en la mayoría de terrenos expuestos. Los setos de coníferas necesitan suelos con un buen drenaje pero que nunca se sequen, ya que el follaje adquirirá una tonalidad marrón. En lugares sombríos elija el boj, que necesita sólo unas pocas horas de sol directo al día. El haya y el carpe, que aunque no son perennifolias mantienen las hojas marrones en invierno, son las más adecuadas para un jardín tradicional. Los setos de especies perennifolias como el tejo o el boj forman un fondo ideal para un arriate herbáceo, y también resultan adecuados si se desea dividir un jardín grande en parcelas. Recorte el tejo hasta los 30 cm de anchura y, al ser de desarrollo lento, sólo tendrá que hacerlo una vez al año, a finales del verano. Entre los setos más adecuados para lugares costeros se encuentran los de *Escallonia* y *Griselinia littoralis*, mientras que en regiones de clima templado las resistentes fucsias forman coloridos límites.

ELECCIÓN DE SETOS

PERENNIFOLIO FORMAL
tejo, acebo, tuya, boj, aligustre, Lonicera nitida

CADUCIFOLIO FORMAL
haya, carpe, Prunus cistena *«Crimson Dwarf»*

SETO DE FLOR INFORMAL
Rosa rugosa, Forsythia, Spiraea, Berberis, Escallonia, Hebe

ESPINOSOS
(A PRUEBA DE ANIMALES E INTRUSOS)
espino blanco, acebo, Pyracantha, Berberis, *rosales*

SETOS ENANOS
Boj enano (Buxus sempervirens *«Suffruticosa»), lavanda, romero, abrótano hembra* (Santolina)

SETO MIXTO SILVESTRE
espino blanco, avellano, saúco, rosal silvestre, endrino

ALTURA

Seleccione las plantas más adecuadas para la altura de seto requerida. Ningún seto detendrá su desarrollo a determinada altura pero algunos, como la tuya, forman ejemplares de fácil mantenimiento y de una altura entre baja y media, mientras que el ciprés de Leyland requiere de una poda regular severa para mantenerlo a una altura razonable; el tejo, el haya, el carpe y el aligustre también resultan adecuados como setos altos. Elija setos en flor e informales teniendo en cuenta el tamaño natural de las plantas utilizadas, y no caiga en la tentación de realizar una poda severa para lograr un seto bajo. Si desea uno de esta medida o de mediana altura, de 1 m aproximadamente, elija entre el boj, *Berberis*, la tuya o *Prunus cistena*. En el caso de que prefiera un seto bajo e informal en macizos o senderos, escoja plantas de desarrollo lento y compacto como la santolina o la lavanda.

△ **NO ES NECESARIO** *que los setos sean rectos; este curvado seto de* Berberis thunbergii *constituye un elemento arquitectónico que conduce hacia la escalera.*

ADQUISICIÓN DE PLANTAS

Las plantas para setos que gozan de mayor popularidad, como el haya y el carpe, pueden adquirirse a buen precio entre finales del otoño y la primavera como plantas de raíz desnuda, y se han de plantar durante la estación de letargo. En primer lugar sumerja las raíces en agua tibia durante ocho horas para rehidratar la planta y entiérrelas en una zona de terreno si no puede plantarlas directamente. Entre los arbustos adecuados para formar setos se encuentran *Berberis*, los rosales arbustivos y las coníferas como la tuya, que normalmente

se venden como plantas desarrolladas en macetas por lo que el seto resulta bastante caro. Sin embargo, pueden plantarse durante la mayor parte del año, excepto cuando el suelo está helado, fangoso o en época de sequía, cuando las plantas tienen dificultad para establecerse. La primavera y el otoño son épocas ideales para la plantación, y las plantas pequeñas representan la mejor opción, al establecerse más rápidamente que las de mayor tamaño.

PLANTACIÓN

Plante setos formales de haya, carpe, espino blanco y aligustre en hileras dobles con una distancia de 38-45 cm y con la misma separación dentro de cada hilera pero escalonados, para obtener rápidamente un seto denso y sólido. En el caso de las coníferas y los arbustos densos, debe plantarlos en una hilera única con una separación de 38-45 cm. Antes de plantar, cave una zanja de 1 m de anchura, y con la ayuda de una laya introduzca en ella materia orgánica bien descompuesta o sustrato para árboles. Añada un fertilizante general y harina de huesos en la proporción recomendada por el fabricante; mézclelo en el suelo antes de introducirlo en la zanja. Plante las especies para setos del mismo modo que en el resto de los arbustos del jardín.

MANTENIMIENTO

Para evitar que el seto se quede con la base desnuda, realice una poda severa antes de plantar. Pode las especies de raíces desnudas 15 cm por encima del suelo y las desarrolladas en macetas hasta un tercio de su altura. Con ello conseguirá que las ramas salgan vigorosas desde la base, produciendo un seto fuerte, denso y con buena forma, cuyas hojas caigan hacia el suelo. Abone en primavera con un fertilizante general o para rosales, si es posible, y riegue bien. Elimine las malas hierbas y la hiedra de la base del seto con regularidad y disponga una capa de acolchado en primavera, en especial mientras el seto sea joven.

◁ **PLANTE UN SETO DE ALIGUSTRE** *en un suelo bien preparado: una vez en el lugar puede durar muchos años, y ésta es la única ocasión que tendrá para mejorar sus condiciones de crecimiento. Pode severamente antes de plantar si desea obtener un seto cubierto de un follaje erguido.*

Recorte de setos

Después de la plantación, el seto necesita un recorte para mantener una buena forma y conseguir que la planta ofrezca follaje desde el nivel del suelo. Dependiendo del tipo de seto, éste requerirá o bien un recorte regular o una poda para mantenerlo limpio, en forma y dentro de los límites. Emplear la técnica adecuada y herramientas de buena calidad facilita en gran medida el trabajo y lo hace eficaz.

CREAR UN SETO NUEVO

Después de plantar y realizar una poda severa, recorte poco y con frecuencia, de cuatro a seis veces durante el segundo año después de la plantación dependiendo de la velocidad de desarrollo de la planta; elimine los ápices de nuevo desarrollo para favorecer el crecimiento lateral. Cuando el seto adquiera una mayor altura, déle la forma deseada de modo que sea ligeramente más ancho en la base que en la parte superior, pues un seto con la parte superior densa puede abrirse tras la lluvia y la nieve y, si la base queda sombría por la caída de las ramas superiores, la parte inferior de los tallos principales pronto quedará desnuda. Utilice un cordel sostenido con estacas como guía para asegurarse de que al cortar el seto esté nivelado.

SETOS FORMALES ESTABLECIDOS

Una vez el seto haya alcanzado la altura deseada, necesitará un recorte con menor regularidad. Los setos de desarrollo lento, como el haya, el boj y el tejo, normalmente requieren sólo dos podas a principios y a finales del verano. Los de desarrollo rápido como *Lonicera nitida* y el aligustre requieren un recorte regular entre finales de la primavera y finales del verano, cuando el seto empiece a adquirir una apariencia descuidada, por lo general cada seis semanas aproximadamente. Empiece a recortar desde la base del seto y trabaje hacia arriba, ya que así le será más fácil dar forma a los laterales. Pode los setos de hoja grandes, como el laurel, con unas podaderas mejor que con tijeras o una recortadora de setos, para evitar que las hojas queden cortadas por la mitad.

SETOS INFORMALES

Después de la plantación, realice una poda severa de los setos informales de flor hasta un tercio de su altura para favorecer el engrosamiento de la base. No recorte a continuación si desea obtener setos rectos de carácter formal; en lugar de eso, pode manteniendo la forma natural de la planta. Como regla general, recorte los setos que florecen antes de principios del verano, como *Forsythia* y los groselleros (*Ribes*), inmediatamente después de la floración, y los de floración tardía, como los rosales, a mediados de la primavera. Normalmente los setos de carácter silvestre se podan para mantenerlos en orden; si prefiere una apariencia más natural, puede recortar formalmente un seto de espino blanco, pero deje que crezcan algunas plantas entre el seto para que se desarrollen en arbolito.

△ **EL LAUREL REAL** *es una planta que se emplea a menudo como seto, pero al cortar sus grandes hojas por la mitad con las cortadoras adquiere una coloración marrón y poco atractiva. Para evitarlo, utilice las podaderas en su lugar y elimine manualmente los tallos muertos.*

HERRAMIENTAS PARA RECORTAR LOS SETOS

CIZALLAS: las cizallas de mano resultan adecuadas para los setos pequeños de apariencia formal, pero evite utilizarlas en zonas grandes; en el caso de los setos de flor enanos, es preferible utilizar cizallas de un solo mango.

PODADERAS: se emplean en setos de flor de tipo informal y plantas de hojas grandes como el laurel.

CORTADORAS DE SETOS MECÁNICAS: constituyen la opción más práctica para grandes zonas de setos. Los modelos que no llevan cable necesitan recargarse con frecuencia pero son ideales para zonas pequeñas, aunque los eléctricos con cables son los más populares.

CORTADORAS DE SETOS DE GASOLINA: resultan caras y pesadas para trabajar, pero dan buenos resultados en setos grandes. Como alternativa, puede alquilar una para sus setos.

Recorte escultural

El tejo y el boj son las especies que más se emplean para realizar una poda escultural. Puesto que se trata de especies de desarrollo lento, una vez se ha establecido la forma normalmente se necesitan sólo dos podas al año, a principios y a finales del verano; si es necesario, recórtelos más veces para mantener la forma. Cuando diseñe un ornamento nuevo, utilice una base interna de cuerdas o red de alambre para soportar las formas complicadas o muy grandes; las más sencillas y de pequeño o mediano tamaño se conforman con una base ancha y una línea sin soporte. Mientras diseñe una nueva forma, pode de 4 a 6 veces al año con la ayuda de unas cizallas de mano, y elimine los extremos de los brotes para favorecer el desarrollo de los vástagos laterales. Si se trata de un diseño complicado, utilice podaderas para darle forma.

△ **ESTE TEJO SE HA RECORTADO** *en forma de cubo geométrico; en medio asoma un acebo en arbolito.*

SETOS ENANOS

Recorte los bojs enanos formales a principios y a finales del verano con la ayuda de unas cizallas de un solo mango para mantener la forma. Los setos enanos de lavanda y santolina deben recortarse ligeramente con estas herramientas justo después de la floración con el fin de eliminar las inflorescencias muertas y remodelar la planta, pero no pode los tallos viejos, ya que la planta podría morir. Recorte o pode el romero después de la floración, dependiendo del hábito de desarrollo de la variedad utilizada: en el caso de las formas densas y arbustivas, lo mejor es recortar con unas cizallas, mientras que si se trata de un tipo erecto o abierto deberá utilizar unas podaderas para evitar estropear la forma natural del arbusto, y para no dejar las hojas cortadas por la mitad, con lo que adquirirían un color marrón.

◁ **LAS RECORTADORAS DE SETOS CON MOTOR DE GASOLINA** *son aptas para un jardín con unas dimensiones excesivas para utilizar los modelos eléctricos, pero resulta pesado trabajar con ellas y no son económicas; alquílelas o contrate a alguien que haga el trabajo. Para mayor seguridad, utilice guantes y gafas especiales.*

Consejos de seguridad

ESCALERAS: cuando recorte setos altos, coloque dos pares de escaleras de peldaños asegurándolas con una tabla entre ellas y compruebe su estabilidad antes de empezar a trabajar; pida a alguien que le sostenga la escalera. Encontrará también plataformas especiales para la poda.

CABLE ELÉCTRICO: compruebe que el cable eléctrico esté seguro sobre su hombro y aléjese de las cuchillas cuando use cortadoras mecánicas; elija un sistema mediante el cual, en caso de accidente, la corriente se apague de forma instantánea.

Plantación y cuidado de los árboles

Los árboles aportan interés y sensación de altura a un jardín, proporcionan sombra y añaden una nota de color en un margen o en medio de un césped. Elija los árboles con cuidado y asegúrese de que no sobrepasen el espacio disponible y no priven a las plantas cercanas de nutrientes o causen algún daño estructural en el jardín o la vivienda. Por fortuna, existe una gran variedad de árboles ornamentales pequeños o de tamaño medio muy atractivos y de fácil mantenimiento.

ELECCIÓN DE LOS ÁRBOLES

En la mayoría de los jardines, los árboles de bosque resultan inadecuados, ya que se desarrollan en exceso y forman una densa sombra bajo la que no crece nada; además, necesitan una gran cantidad de agua que extraen del suelo cuando aparecen las hojas. Por todo ello es mejor elegir un decorativo árbol de jardín con un porte compacto y un sistema radicular pequeño. Consulte en viveros o libros de referencia la altura y desarrollo de cada ejemplar para ver si se adecuan a su jardín y evite las especies lloronas grandes cerca de desagües, ya que las raíces captan el agua y pueden obstruirlos.

Cuando vaya a comprar un árbol, seleccione uno con forma simétrica, con cinco o más ramas fuertes colocadas a lo largo del tronco. Un árbol con una copa desequilibrada o el tronco curvado se puede mejorar una vez plantado, pero tardará varios años en rectificar los defectos serios; es mejor contar con un buen ejemplar desde el principio (en jardines de estilo silvestre o campestre, no obstante, los árboles de forma asimétrica y desigual añaden carácter al conjunto, de modo que en estos casos elija uno así deliberadamente y pódelo para exagerar el efecto). Compruebe que el follaje esté sano y que el tronco no se encuentre dañado, tocándolo desde la parte superior hasta la base.

LOS MEJORES ÁRBOLES PARA JARDINES PEQUEÑOS

Entre los árboles que resultan más adecuados para terrenos de dimensiones reducidas se encuentran el abedul, *Crataegus* «Paul's Scarlet», el guillomo (*Amelanchier lamarckii*), el manzano silvestre (*Malus*), el moral (*Morus nigra*) y *Prunus* «Kidu-shidare-zakura». Si prefiere algo más original, inténtelo con *Gleditsia triacanthos* «Sunburst», de follaje corto y dorado, o con «Ruby Lace», cuyas hojas rojizas adquieren una tonalidad verde amarronada, o bien *Caragana arborescens*, de flores amarillas, que alcanza los 3,5 m y resulta ideal en lugares costeros o con viento.

PLANTAR UN ÁRBOL

Cave un agujero de al menos dos veces el cepellón del árbol, introduzca abundante materia orgánica en él con la ayuda de una horca y mezcle un poco de abono general o, si es otoño o invierno, harina de huesos. Si el suelo tiende a encharcarse, cave toda la zona para mejorar la extensión de las raíces, añadiendo gravilla o láminas de corteza para incrementar la aireación. Riegue bien el árbol antes de extraerlo de la maceta. Si las raíces están densamente enrolladas alrededor del recipiente, desenrede unas pocas de tamaño grande.

Sostenga el árbol en el agujero y compruebe que la parte superior del cepellón esté al mismo nivel que el suelo que lo rodea. Clave una estaca corta junto al cepellón con la ayuda de un martillo y llene el espacio alrededor de las raíces con una mezcla de tierra superficial y materia orgánica. Afirme suavemente, riegue bien y amarre el tronco contra la estaca.

Compruebe que el nudo se encuentre entre el tronco y la estaca para evitar que roce la corteza. Por último, cubra con una

◁ **LA DORADA ROBINIA** (R. pseudoacacia *«Frisia») forma un árbol erguido de tamaño medio en lugares soleados. Tolera ambientes secos, por lo que resulta ideal en zonas áridas en las que escasea el agua.*

capa de 2,5-5 cm de láminas de corteza o compost de jardín que ayudarán a retener la humedad.

CUIDADO DE LOS ÁRBOLES

A mediados de la primavera, al principio de la estación de crecimiento, cuando el suelo esté húmedo, abone y coloque una capa de acolchado tanto alrededor de los árboles recién plantados como de los que ya están establecidos. Disemine un fertilizante general o para rosales, en especial en la zona situada bajo la cúpula de las ramas, ya que es aquí donde se encuentran las raíces «alimenticias». Aplique un acolchado alrededor de los árboles con una capa de 2,5-5 cm de materia orgánica bien descompuesta o láminas de corteza. Las gramíneas compiten con los árboles jóvenes por el agua y los nutrientes, de modo que deberá dejar crecer los ejemplares ya establecidos con un anillo de suelo desnudo alrededor del tronco de al menos 90 cm de ancho. Mantenga los nuevos árboles bien regados en verano, dejando que los ya establecidos se cuiden por sí solos. Un abonado rico en potasio y fosfatos (como un fertilizante líquido para tomates) a finales del verano ayudará a madurar el desarrollo del año en curso y favorecerá la producción de yemas en los árboles que florecen en primavera. Pode sólo si es necesario para eliminar los tallos dañados, enfermos o demasiado densos.

ÁRBOLES EN ESPACIOS REDUCIDOS

Cuando el espacio sea limitado, considere la posibilidad de realizar una poda severa en los árboles adecuados con el fin de rejuvenecerlos cuando sean demasiado grandes. Si lo hace cada 2 a 3 años, incluso se desarrollarán como arbustos. *Acer negundo* «Flamingo», que presenta unas bonitas hojas variegadas de coloración rosa, crema y verde, puede podarse casi hasta el nivel del suelo en primavera cuando la envergadura resulta excesiva. Haga lo mismo con el eucalipto y el árbol del amor (*Cercis siliquastrum*) si prefiere mantenerlos como arbustos en lugar de dejar que se desarrollen como árboles. También puede optar por arbustos grandes como el madroño (*Arbutus unedo*), *Garrya elliptica* o *Clerodendrum trichotomum* «Fargesii» y eliminar las ramas inferiores para que alcancen el tamaño de un árbol de copa pequeño.

△ **UTILICE UN SERRUCHO DE PODAR** *para dar forma a los árboles demasiado densos o desequilibrados: elimine una rama entera por el punto de unión con el tronco u otra rama mayor.*

△ **DEJE UN CÍRCULO LIBRE DE CÉSPED** *alrededor de los árboles para evitar la competencia por el agua y los nutrientes. Disponga un acolchado en primavera para retener la humedad.*

Plantación y traslado de arbustos

Los arbustos constituyen el marco del jardín. Dependiendo del tipo, pueden llenar rápidamente grandes zonas o proporcionar flores estacionales a unos arriates de una gran variedad de especies, lo que resulta particularmente útil a principios del verano, así como frutos, bayas o follaje de colores a finales de esta estación. Los arbustos perennifolios resultan ideales para mantener el interés durante todo el año.

◁ LOS ARCES JAPONESES (Acer palmatum) *y los cultivares como «Garnet» forman espectaculares árboles pequeños. Se desarrollan en suelos bien drenados que retengan la humedad y con una ligera sombra.*

PLANTACIÓN DE UN ARBUSTO CULTIVADO EN UN RECIPIENTE

- **Prepare el lugar de plantación introduciendo abundante materia orgánica bien descompuesta, como compost de jardín o estiércol si va a formar un macizo nuevo; cave un hoyo en un suelo previamente bien cultivado de al menos el doble del tamaño del recipiente e introduzca el compost en él con la ayuda de una horca.**
- **Riegue bien el arbusto antes de sacarlo de la maceta y, si el cepellón tiene la apariencia de una masa compacta de raíces, libere unas cuantas de las de mayor tamaño, ya que resultará imposible romperlo después de plantar el arbusto.**
- **Gire el arbusto de forma que su mejor lado quede enfrente y colóquelo en el hoyo, de modo que la parte superior quede nivelada con la superficie del suelo.**
- **Llene el espacio alrededor de las raíces con una mezcla de tierra superficial buena y materia orgánica bien descompuesta; afirme y riegue bien para que se asiente el suelo. Manténgalo bien regado en períodos secos.**

ELECCIÓN DE ARBUSTOS SANOS

Elija plantas de forma simétrica con abundantes ramas, ligeramente espaciadas, y saludables hojas verdes; evite los ejemplares de aspecto descuidado y desequilibrado, ya que rectificar estos defectos le costará tiempo y trabajo. Si la superficie del sustrato está cubierta de musgo, líquenes o malas hierbas, esto podría indicar que la planta ha estado a la venta durante bastante tiempo. Si además las hojas presentan una apariencia pálida o muerta, es probable que la planta haya tenido pocos cuidados, por lo que es preferible esperar hasta encontrar un ejemplar mejor.

CUÁNDO PLANTAR

Por lo general, otoño es la mejor época para plantar, ya que permite que los arbustos nuevos se establezcan en condiciones normales mientras el suelo está aún caliente y húmedo; sin embargo, los ejemplares que se han cultivado en maceta pueden plantarse en cualquier época del año excepto cuando el suelo esté muy húmedo, helado o haya sufrido sequía. A finales de la primavera y principios del otoño es la mejor época para plantar los perennifolios, pues si sufren carencia de agua tras la plantación perderán las hojas y tardarán en recuperarse; con frecuencia las coníferas adquieren además una tonalidad marrón alrededor de la base y en ocasiones no renuevan su follaje.

TRASLADO DE ARBUSTOS

Ocasionalmente, es necesario trasladar un arbusto que hace tiempo que se ha plantado en el jardín, quizá debido a un desarrollo excesivo. Ciertos arbustos como la magnolia se resienten de ello, por lo que es mejor no moverlos nunca, pero la mayoría puede trasladarse con cuidado. La época ideal para trasladar arbustos caducifolios es a principios de la primavera, justo antes de que se inicie la estación de crecimiento, aunque puede hacerlo en cualquier época entre la caída de las hojas en otoño y la aparición de las yemas en primavera. En el caso de arbustos pequeños, de enraizamiento superficial o recién plantados, sencillamente puede desenterrarlos con un grupo grande de raíces y trasladarlos a un nuevo lugar bien preparado. Después del traslado, riéguelos bien.

Arbustos grandes o bien establecidos

En el caso de plantas de mayor tamaño o que ya estén bien establecidas, es mejor empezar a preparar el traslado con un año o más de anticipación. En el otoño o la primavera anterior, cave una zanja estrecha de 60 cm de profundidad alrededor de la planta, a una distancia del tronco igual a la de la extensión de las ramas más externas. Corte las raíces grandes y las de debajo de la planta para que no queden raíces demasiado gruesas. A continuación, llene la zanja con una mezcla de tierra superficial buena y compost o materia orgánica bien descompuesta, que favorezca la formación de raíces fibrosas. Al cabo de un año o más, el arbusto habrá desarrollado el sistema de raíces adecuado para poderlo trasladar de modo satisfactorio. Levántelo con tantas raíces fibrosas como pueda, tenga bien preparado el nuevo emplazamiento y coloque erguido el arbusto. A continuación, riegue bien.

Arbustos perennifolios y coníferas

A principios del otoño es la mejor época del año para trasladar los arbustos perennifolios y las coníferas; riegue bien unos cuantos días antes del traslado. Desentiérrelos con abundantes raíces y transfiéralos inmediatamente al nuevo hoyo con el suelo bien preparado. Utilice estacas temporales para evitar la acción del viento, y durante el primer invierno coloque un cortavientos. Si se trata de un lugar expuesto, rocíe las plantas con antitranspirante para reducir la pérdida de humedad a través de las hojas.

△ INCLUSO LOS GRANDES RODODENDROS *se trasladan sorprendentemente bien ya que poseen un sistema de raíces superficial. Si tiene tiempo, prepare la planta un año antes para favorecer el desarrollo de nuevas raíces fibrosas en una zanja rica en compost.*

TRASLADO DE UN ARBUSTO PEQUEÑO

1 *Desentierre cuidadosamente el arbusto con un cepellón grande y levántelo; colóquelo encima de una lámina de polietileno (emplee ésta también para la tierra sobrante con el fin de proteger el césped).*

2 *Traslade la planta en el plástico a su nuevo terreno. Tenga el hoyo de plantación preparado y colóquelo en su lugar; vuelva a verter la tierra.*

Utilización de las trepadoras

Cultivar plantas trepadoras es una maravillosa forma de cubrir muros desnudos y verjas, así como de ocultar fachadas poco atractivas. Las trepadoras también pueden guiarse sobre arcadas y pérgolas, o contra un marco de cuerdas o pilares, de modo que proporcionen altura al fondo de un arriate. Por último, puede cultivar trepadoras que se desarrollen por el tronco de viejos frutales sin frutas para aprovechar el espacio vertical.

▷ LAS CLEMÁTIDES, *los rosales y la madreselva crecen juntos en el mismo espacio y forman un bello y colorido tapiz.*

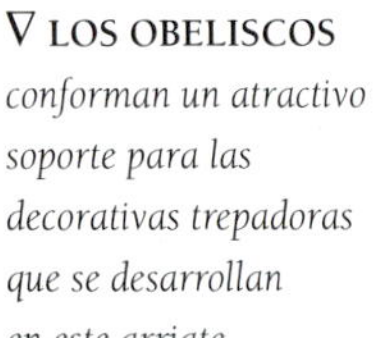

▽ LOS OBELISCOS *conforman un atractivo soporte para las decorativas trepadoras que se desarrollan en este arriate.*

TREPADORAS PARA REVESTIR ELEMENTOS VERTICALES

Los rosales trepadores, la madreselva o las clemátides (*Clematis*) constituyen las opciones tradicionales para arcadas y pérgolas, donde el aroma de las flores es un elemento importante a tener en cuenta. Pero piense también en otras alternativas inusuales como *Trachelospermum asiaticum*, una trepadora perennifolia ligeramente sensible y con fragantes flores blancas en verano, o en el jazmín de verano (*Jasminum officinale*), una trepadora silvestre con flores blancas de un intenso aroma. La vid púrpura, *Vitis vinifera* «Purpurea», y *Ampelopsis glandulosa* var. *brevipedunculata* «Elegans», de color variegado rosa, crema y verde, añaden una nota de contraste al follaje. Cultive dos o tres trepadoras juntas si desea conseguir un buen efecto: la mayoría funciona bien con rosales trepadores.

En el caso de que disponga de pilares, elija rosales trepadores de desarrollo menor o rosales de enredadera, y sujete los tallos alrededor de modo que rodeen el pilar en lugar de formar un porte erguido. Con ello conseguirá que la mayoría de los tallos crezcan de modo horizontal, produciendo abundantes flores que llenarán todo el pilar, y no únicamente la parte superior.

Elija trepadoras grandes y vigorosas que se enreden por el tronco de los árboles y conseguirá rápidamente un gran efecto. Entre las opciones más adecuadas para los árboles grandes se encuentran algunas especies de *Clematis*, los rosales de enredadera fuertes o trepadores como «Rambling Rector», la vid *Vitis coignetiae* y *Celastrus scandens* (celastro). Las clemátides resultan ideales para colonizar frutales viejos, y los tipos no excesivamente vigorosos suelen entrelazarse de forma efectiva sobre espalderas o entre túneles de frutales.

CRECIMIENTO CONTRA UN MURO

Con frecuencia, cuando las trepadoras son demasiado vigorosas o tienden a estar fuera de control, los arbustos para muros constituyen un buen sustituto. Los arbustos como el espino de fuego de hojas pequeñas o el membrillo ornamental (*Chaenomeles*) pueden guiarse en abanico o espaldera, mientras que un arbusto más o menos plano puede colocarse contra un muro formando una agradable línea. También resulta una buena idea cultivar arbustos laxos, como *Abeliophyllum distichum* (que posee unas flores con olor a almendras en primavera) y el jazmín de invierno (*Jasminum nudiflorum*) contra un muro, ya que de otra forma caerán de modo descuidado. Si se dispone de espacio suficiente, los arbustos para muros grandes como la perennifolia *Magnolia grandiflora* y *Cytisus battandieri* formarán un detalle espectacular.

Muros sombríos

Pocos rosales trepadores sobreviven en un muro sombrío: elija el rojo «Danse du Feu», el marrón «Souvenir du Dr. Jamain» o el amarillo «Mermaid». La hortensia trepadora (*H. petiolaris*) y su pariente *Schizophragma* se desarrollarán contra un muro frío, al igual que *Garrya elliptica*, guiada sobre ésta, y el jazmín de invierno. Junte este último con hiedras variegadas de hojas grandes si desea conseguir un buen efecto. En los casos en los que la sombra sea más intensa, utilice alguna variedad de evónimo, que trepará por el muro si se cultiva contra él.

Muros soleados

Resérvelos para el cultivo de plantas moderadamente sensibles que necesiten protección y un terreno soleado y cálido: trepadoras como la pasionaria (*Passiflora caerulea*), *Campsis*, *Solanum*, *Clianthus puniceus* o *Rosa banksiae* y arbustos cultivados contra un muro como *Fremontodendron californica*, el mirtilo o *Ceanothus*. Elija también otras opciones menos conocidas como *Billardiera longiflora*, con grandes y decorativas bayas de color azul. Cuando el tiempo sea muy frío, asegure una lámina de protección contra heladas al muro y colóquela sobre las plantas.

◁ **CUANDO CULTIVE** *trepadoras contra un muro o una valla que requieran cierto mantenimiento, fije una espaldera contra la superficie y guíelas a través de ella.*

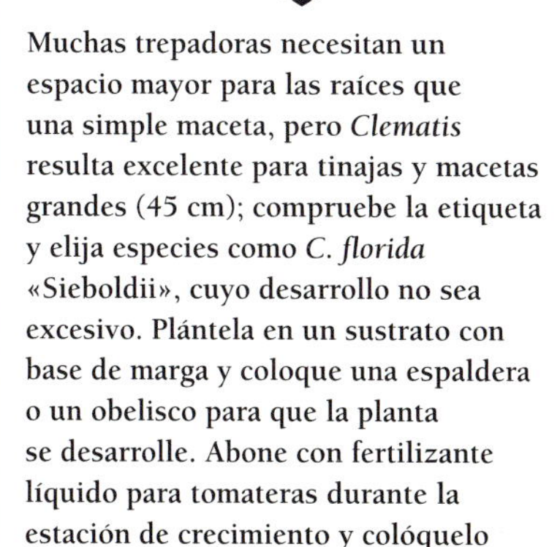

TREPADORAS EN RECIPIENTES

Muchas trepadoras necesitan un espacio mayor para las raíces que una simple maceta, pero *Clematis* resulta excelente para tinajas y macetas grandes (45 cm); compruebe la etiqueta y elija especies como *C. florida* «Sieboldii», cuyo desarrollo no sea excesivo. Plántela en un sustrato con base de marga y coloque una espaldera o un obelisco para que la planta se desarrolle. Abone con fertilizante líquido para tomateras durante la estación de crecimiento y colóquelo donde las raíces estén a la sombra, por ejemplo rodeadas por otros recipientes con plantas o con guijarros sobre el sustrato.

CREAR UNA PANTALLA

La forma más rápida de crear una pantalla viviente no es plantar un seto, sino cultivar trepadoras contra una valla o una celosía. De este modo logrará la altura deseada al instante, con un grado razonable de cobertura vegetal durante la primera estación de crecimiento, aunque la pantalla nunca podrá ser muy alta y no es posible recortarla de modo conveniente. Elija una mezcla de diversas trepadoras, como jazmín de invierno y alguna hiedra, si desea un jardín de apariencia campestre, o bien todas de la misma clase, por ejemplo *Clematis armandii*, en el caso de querer un efecto semejante al de un seto. Las trepadoras vigorosas y de desarrollo rápido como la enredadera de Virginia o la glicina resultan bastante adecuadas para pantallas grandes, aunque en invierno pierden sus hojas. Incluya algunas trepadoras perennifolias, como hiedras o evónimos, si desea una cobertura permanente durante todo el año. Otra alternativa, aunque algo más lenta, consiste en cultivar arbustos para muros de la misma forma y recortarlos para lograr mayor densidad y una apariencia formal; *Pyracantha* (espino de fuego) es ideal para estos casos.

Cultivo de trepadoras

Las condiciones de desarrollo bajo las cuales normalmente se cultivan las trepadoras no son las más adecuadas. Por ejemplo, con frecuencia, en la base de los muros el suelo está lleno de material de desecho, mientras que bajo los árboles la expansión de las raíces empobrece y reseca el suelo. Por otra parte, tanto los muros como los árboles tienden a desviar la lluvia. Puesto que las trepadoras viven en el mismo terreno durante años, merece la pena preparar bien el suelo antes de su plantación.

▷ **LA ENREDADERA DE VIRGINIA** *forma un atractivo y colorido marco para las ventanas y las puertas de las casas de piedra antiguas, en especial durante el otoño.*

TREPADORAS CONTRA UN MURO

Plantar una trepadora junto a un muro significa algo más que preparar un simple hoyo; conviene mejorar además las condiciones del arriate para que las raíces se desarrollen de forma adecuada. Elimine los desechos y piedras e introduzca abundante materia orgánica bien descompuesta; si se trata de un suelo realmente pobre o con una gran cantidad de material de construcción, sustitúyalo por uno de buena calidad. Coloque los soportes antes de plantar, ya que hacerlo después resulta mucho más difícil. Después cave un hoyo profundo y plante de forma que el tallo principal de la trepadora quede a 45 cm de la pared; inserte una estaca y sujétela contra aquella para que la planta se desarrolle en la dirección correcta. Mientras los ejemplares sean jóvenes, riegue en épocas secas, ya que la base de un muro, en especial si está orientado al sur (en el hemisferio norte), o al norte (en el hemisferio sur), suele estar siempre seca.

PLANTACIÓN BAJO UN ÁRBOL

Si desea plantar una trepadora para que se desarrolle por el tronco de un árbol, elija un terreno en el lado más frío de éste si es posible, puesto que la trepadora crecerá hacia la luz; si lo hace en el lado soleado del árbol, es posible que no trepe. Prepare un hoyo grande antes de plantar, con espacio suficiente para poder trabajar alrededor de las raíces, y mezcle la tierra con abundante materia orgánica. Sitúe la planta al menos a 60 cm de un árbol pequeño. Si se trata de un ejemplar grande, hágalo justo por debajo de la extensión de sus ramas, en la «línea de reguero», donde habrá una mayor cantidad

PLANTAR UNA TREPADORA

1 *Cave un hoyo de aproximadamente el doble del tamaño del cepellón, y añada materia orgánica bien descompuesta mezclada con un fertilizante general.*

2 *Compruebe la profundidad del agujero: plante la clemátide de modo que el cepellón quede unos 15 cm por debajo de la superficie del suelo.*

3 *Libere unas cuantas raíces de las más gruesas si la planta está ligeramente compactada. Después, colóquela en su lugar y rellene con tierra superficial mezclada con materia orgánica descompuesta.*

de agua y luz. Incline una estaca desde la base de la trepadora al tronco o hacia las ramas inferiores, fíjela firmemente en el lugar y utilícela para «guiar» la planta hacia el soporte.

4 *Separe los tallos de la caña y extiéndalos en forma de abanico, con las partes inferiores casi horizontales; a continuación, átelos.*

TIPOS DE SOPORTES

Algunas trepadoras, como la hiedra y la enredadera de Virginia, se sostienen por sí solas mediante raíces aéreas que utilizan para agarrarse al muro desnudo; sin embargo, no las cultive en superficies en mal estado, ya que las raíces aéreas podrían empeorarlas. Otras plantas, como la madreselva y *Clematis*, se retuercen o adhieren a los soportes con los tallos foliares sin necesidad de tener que atarlas; una espaldera o una red rígida fijada en un muro o una valla resultará ideal para ello. En el caso de otras trepadoras como los rosales o árboles guiados en forma de abanico y los arbustos para muros con tallos rígidos, deberá atarlas para que trepen: los mejores soportes para ello son unos alambres horizontales sujetos al muro a intervalos de 30 cm o unos clavos que sigan la línea de la planta.

GUIAR TREPADORAS

Puede que las nuevas plantas tarden en trepar. Para facilitar la tarea a las especies autotrepadoras, humedezca el muro con agua, en especial en días más calurosos. Con frecuencia las especies que se retuercen y las que se adhieren necesitan también cierta insistencia; después de plantar, ate los tallos al soporte con la ayuda de un cordel un poco flojo, de modo que se desarrollen sin ayuda. Cuando plante contra pilares de ladrillo o en una pérgola, fije una red en ellos para que las plantas tengan una base firme sobre la que desarrollarse.

Ate los tallos, sobre todo en especies como los rosales, con una separación de 45 cm aproximadamente entre ellos, sin apretar, mientras la planta esté en pleno desarrollo. Guíe los rosales y arbustos para muros espaciando los tallos principales de modo que lo cubran todo, y utilice éstos como fondo de los que pode cada año.

CONSEJOS PARA GUIAR TREPADORAS

- **No deje que la glicina se desarrolle junto a desagües o cañerías; sus leñosos tallos se expanden durante su desarrollo y pueden separarlas de la pared.**
- **Las vallas de madera requieren un mantenimiento regular, al igual que los muros, que hay que pintar de vez en cuando, por lo que es una buena idea dejar que las trepadoras crezcan en espalderas; así podrá separarlas y dejarlas planas en el suelo para tener acceso a la valla o muro.**
- **Separe las espalderas 10 cm del muro con ayuda de unos alambres de modo que circule el aire entre aquél y la planta. Ello evitará que la trepadora se caliente en exceso y minimizará los problemas asociados a la podredumbre. Utilice ganchos para sujetar los alambres o coloque hilos de algodón, atados al muro y la espaldera para mantener la distancia necesaria.**
- **Mantenga los rosales trepadores y la madreselva bien regados en épocas secas para evitar el mildiu en el follaje; éste puede ser indicativo de síntomas de sequía en las raíces.**
- **Si las trepadoras quedan desnudas en la base, utilice los tallos desnudos como soporte para anuales decorativas de desarrollo rápido, como la asarina o la capuchina (*Tropaeolum peregrinum*).**
- **Las trepadoras cultivadas en macetas que se adquieren en los centros de jardinería pueden tardar años en florecer después de plantarlas si se han forzado excesivamente las raíces. No se preocupe por ello, ya que lo más seguro es que florezcan de nuevo tan pronto como se hayan establecido. No será extraño que la glicina tarde siete años en florecer.**

Plantación y cuidado de arriates herbáceos

Las plantas vivaces herbáceas se marchitan en otoño, pasan el invierno en período de latencia bajo tierra y, al llegar la primavera, desarrollan nuevos vástagos. Tradicionalmente suelen cultivarse en macizos formales y arriates respaldados por un seto o una valla, pero en los jardines pequeños, los macizos informales rodeados de césped constituyen una atractiva alternativa y una manera más práctica de cultivarlas, aunque también pueden plantarse de forma individual en macetas.

△ **PARA LOGRAR UN ACABADO TRADICIONAL,** *delimite los arriates herbáceos con un bordillo de madera o terracota, o bien utilice tejas trabajadas de estilo victoriano.*

PLANTACIÓN DE VIVACES HERBÁCEAS

En teoría, las plantas herbáceas adquiridas en un centro de jardinería y que se han desarrollado en recipientes pueden trasladarse en cualquier época del año, pero el mejor momento para ello es en primavera, cuando junto a la aparición de los primeros brotes también tiene una gran importancia el desarrollo foliar. De este modo se asegurará de que se encuentra frente a un ejemplar vivo (lo que no siempre resulta fácil de distinguir en otoño o invierno, una vez que el follaje se ha marchitado), y la planta dispone de cierto tiempo para establecerse antes de florecer. En cambio, si se planta cuando está en flor, la estación de floración se acortará. Sin embargo, todas las plantas herbáceas tienen mejor apariencia durante el segundo año después de la plantación, una vez han enraizado bien y empiezan a expandirse.

Preparación del suelo

Una buena preparación del suelo resulta vital antes de plantar las vivaces. Una vez en su lugar, cubrirán el suelo durante todo el verano, por lo que resultará difícil mejorarlo o eliminar las malas hierbas, como la correhuela, sin dañar las plantas del arriate. Empiece por erradicar completamente cualquier mala hierba vivaz; hay quien prefiere dejar el macizo en barbecho durante una estación para que las malas hierbas mueran por sí solas. Utilice un herbicida con glifosato y repita la operación tantas veces como sea necesario hasta que la eliminación sea total, y añada a continuación abundante materia orgánica bien descompuesta. Merece la pena realizar un cavado doble, ya que con ello aumentará la profundidad de tierra buena disponible para que la planta pueda enraizar, al tiempo

◁ **LOS ARRIATES HERBÁCEOS** *muestran su mejor apariencia en verano, cuando las plantas en flor como* Helenium, Heuchera *y* Achillea *despliegan un atractivo abanico de colores.*

∆ **A FINALES DEL VERANO** *o del otoño, cuando las plantas se hayan marchitado, corte el follaje viejo y los tallos a nivel del suelo para arreglar el arriate.*

que se incrementará la retención de humedad, lo que resulta de gran utilidad en los veranos secos. Mejore la textura de la arcilla añadiendo arena al mismo tiempo. Por último, con la ayuda de una azadilla, introduzca un fertilizante general inmediatamente antes de plantar.

JARDINES FORMALES E INFORMALES

Los arriates formales delimitados por setos poseen una apariencia impresionante, pero requieren un duro trabajo; el seto puede albergar plagas como las babosas, además de malas hierbas, y ensombrecer las plantas de uno de los lados, lo que originará un mal desarrollo que requerirá a su vez un mayor estacado. Si desea facilitar el acceso para cortar el seto, deje un sendero de 60 cm de ancho entre aquél y el fondo del arriate desde donde poder trabajar, o bien coloque unas cuantas losetas formando un sendero para evitar tener que pisar las plantas. Por lo general, los arriates herbáceos requieren al menos una anchura de 90 cm, de forma que las plantas queden proporcionadas con el entorno. Los macizos isla, que no forman parte de un arriate, son de apariencia más informal. La ventaja es que las plantas están expuestas a la luz por todos los lados y, en consecuencia, se desarrollan con más fuerza y más compactas, de modo que sólo las más altas, como *Delphinium*, necesitan soporte.

Agrupe las plantas herbáceas de tres en tres o en grupos de cinco para que formen rápidamente atractivas matas en los arriates más grandes. En el caso de los macizos pequeños, un simple ejemplar puede resultar suficiente, en especial si se trata de uno de crecimiento vigoroso. Coloque las plantas altas en el fondo y en el centro del arriate, y las más bajas delante, de modo que todas las flores puedan verse bien. En los jardines informales el efecto de las flores al caer sobre el césped resulta muy acogedor, pero en un entorno más formal será más adecuado un «borde de siega». Se trata de una columna de ladrillos u otro tipo de pavimento de pequeño tamaño que forma una estrecha línea divisoria a lo largo de la parte frontal del arriate sobre la cual caen las plantas de delante. Con ello evitará que éstas acaben cortadas con la máquina cortacésped o que se formen calvas y manchas amarillas en otoño, aún más notorias al podar las plantas. Un borde de siega proporcionará además un sendero seco desde el cual poder desherbar cuando el suelo esté húmedo.

∆ **DESPUÉS DE LA FLORACIÓN** *a principios y mediados del verano, recorte* Alchemilla mollis *a ras del suelo para favorecer el desarrollo de nuevo follaje.*

CUIDADO DE LAS VIVACES HERBÁCEAS

- **Aplique un acolchado a los arriates de flor a principios de la primavera, cuando el suelo esté húmedo y libre de malas hierbas, añadiendo una capa de 2,5-5 cm de materia orgánica bien descompuesta. Si en la región donde vive la primavera tiende a ser más bien seca, hágalo en otoño.**
- **Abone las plantas a mediados de la primavera cuando exista ya cierto desarrollo por encima del nivel del suelo; evite que el fertilizante se acumule en la corona de las plantas, ya que las quemaría (si ocurre esto, lave con abundante agua). Para conseguir un resultado óptimo, aplique los nutrientes cada 6 a 8 semanas introduciendo el fertilizante entre las plantas o, si el suelo es seco, mediante un abono líquido.**
- **Proporcione un soporte a las vivaces más altas y a las colgantes mediante varas arbustivas o cañas de bambú, según el tipo de planta. Colóquelo desde mediados hasta finales de la primavera, antes de que las plantas empiecen a caerse.**
- **Despunte las flores tan pronto como empiece la segunda floración; en el caso de ciertas plantas como el lupino, la pulmonaria o *Astrantia*, es preferible cortarlas a ras de suelo antes de la floración, con lo que se favorece el segundo período de desarrollo y se consigue mayor número de flores.**
- **Elimine los tallos muertos y las hojas en otoño, cortándolas casi a ras de suelo, y coloque el material vegetal en un recipiente para elaborar compost.**
- **Divida las matas grandes de las vivaces cada 3 a 5 años; descarte el centro leñoso de la planta y vuelva a plantar las zonas externas más jóvenes.**

Siembra y utilización de anuales resistentes

Las anuales resistentes son las plantas de más fácil obtención a partir de semilla. No requieren una habilidad especial y pueden sembrarse directamente en el jardín durante la primavera, ya que soportan condiciones más frías que las plantas de arriates. Entre las anuales resistentes se encuentran muchas flores tradicionales como las capuchinas, la caléndula, el aciano, la espuela de caballero, Clarkia, Godetia *y los guisantes de olor, todas ellas características de jardines de estilo campestre.*

SIEMBRA DIRECTA

Sembrar en el lugar donde van a desarrollarse las plantas es una opción práctica sólo si el suelo está libre de semillas de malas hierbas como resultado de años de un buen cultivo. Si no es así, prepare un «semillero rancio» dejándolo en barbecho el año anterior y cavando cada semana para eliminar las semillas de malas hierbas; no le dé la vuelta al suelo antes de sembrar para no exponer nuevas semillas de malas hierbas a la luz, ya que entonces germinarán. Si desea disponer de un arriate anual de jardín campestre tradicional con la apariencia de una alfombra persa, pase ligeramente el rastrillo por el suelo y, a continuación, dibuje un modelo informal con la punta de una vara o un reguero de arena. Siembre una variedad distinta en cada una de las formas obtenidas y sitúe las más altas en el fondo; seguidamente, pase el rastrillo para cubrir las semillas. Aclare sólo si las plántulas nacen excesivamente compactadas.

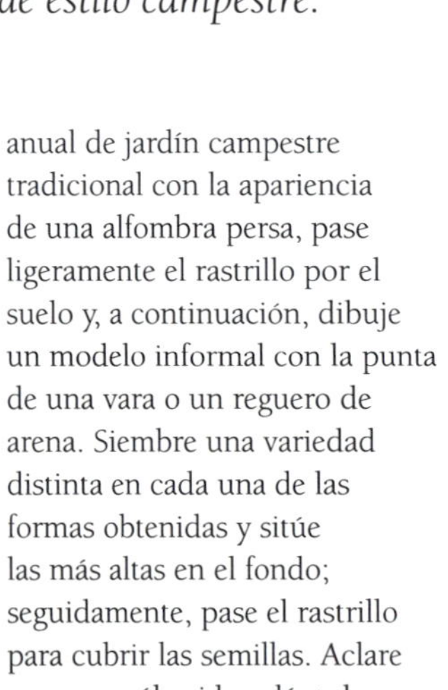

◁ **CUANDO SE HA PREPARADO** *bien el suelo y se han eliminado las malas hierbas, la siembra de anuales directa proporciona una rápida alfombra de gran colorido que requiere de poco trabajo, ya que la plantación densa dificulta la proliferación de especies indeseables.*

SIEMBRA EN HILERAS PARA TRASPLANTAR

Cuando el suelo tienda a presentar un gran número de semillas de malas hierbas, será más seguro sembrar semillas de anuales resistentes en hileras, de modo que las plántulas emergentes resulten más fáciles de distinguir de las primeras. Puede utilizar cualquier fracción de suelo bien cultivado, pero normalmente lo mejor es una esquina vacía del huerto. Prepare el suelo del mismo modo que para la siembra de hortalizas y disemine las semillas de forma espaciada en un surco poco profundo. Cubra ligeramente y, en suelos arcillosos que tiendan a formar una costra dura en la superficie, cubra la semilla con compost o vermiculita para facilitar la germinación. Cuando emerjan las plántulas, aclare para dejar entre ellas una separación de unos

◁ **UNA MEZCLA DE DISTINTOS TIPOS DE PLANTAS,** *que en este caso incluye el follaje plumoso de cosmos, configurará un arriate de jardín tradicional de estilo campestre. Las anuales resistentes como la maravilla y los girasoles se resembrarán sin necesidad de volver a plantar cada año.*

5 cm, y trasplántelas a su lugar de floración cuando alcancen un tamaño suficientemente grande para poderlas manejar con facilidad. Las anuales resistentes resultan efectivas cuando se plantan en grupo entre arbustos, o bien masificadas junto a arriates de flor.

SIEMBRA EN BANDEJAS

En ocasiones, quizá debido a la falta de espacio, resulta más conveniente sembrar las anuales resistentes en bandejas. Prepare las bandejas y siembre de la misma forma que si se tratara de plantas semirresistentes en macizos, desde principios hasta mediados de la primavera. Pero, puesto que las anuales resistentes no necesitan calor, puede colocar las bandejas en un invernadero sin calefacción, un porche cerrado o una cajonera fría, o incluso dejarlas en el exterior cubiertas por un cristal. Germinarán tan pronto como las condiciones climáticas sean lo suficientemente cálidas.

Cuando las plántulas se puedan manejar con facilidad, pellízquelas como en el caso de las plantas de macizos, y cultívelas en una cajonera fría, o sencillamente aclárelas dejando una separación entre ellas de 5 cm en la misma bandeja. Cuando sean lo suficientemente grandes, plántelas fuera. Este método es una manera útil de conseguir cierto número de plantas para recipientes o pequeños macizos.

SIEMBRA DE OTOÑO

Las anuales resistentes pueden sembrarse a mediados del otoño bajo una cajonera fría. Siembre varias semillas para una maceta de 13 cm y deje que se desarrollen las plántulas; con ello conseguirá una planta arbustiva. Las variedades compactas de capuchinas y caléndulas proporcionan plantas de una brillante floración primaveral en un invernadero frío. Coloque las variedades más altas de las anuales en el exterior una vez haya pasado la peor época climática, y de esta forma ofrecerán un placentero colorido en el período que transcurre entre la aparición de los últimos bulbos y macizos de primavera y las primeras flores de los macizos de verano.

△ **EL GUISANTE DE OLOR** *es una de las anuales resistentes más clásicas. Con frecuencia las semillas se siembran bajo un cristal frío en otoño para obtener las primeras inflorescencias listas como flor de corte, mientras que las que se siembran en primavera florecen más tarde, en verano.*

OBTENCIÓN DE LA MAYORÍA DE LAS ANUALES RESISTENTES

- **Algunas anuales resistentes se autosiembran, en especial *Nigella, Alyssum*, las capuchinas y las caléndulas. Raramente suponen un estorbo y sus plántulas forman un cálido efecto campestre; aparecen al azar entre los arbustos de los márgenes o sobre los elementos del pavimento.**
- **Guardar las propias semillas resulta una opción sumamente práctica en el caso de las anuales resistentes; busque recipientes para que maduren en verano y recolecte las cápsulas antes de que las semillas se liberen. Deje que se sequen las cápsulas y, a continuación, extraiga las semillas del interior y guárdelas en un sobre de papel para sembrarlas en otoño o primavera.**
- **Si siembra con suficiente antelación, las anuales resistentes empezarán a florecer un poco antes que las plantas para macizos estivales. El abono regular, el riego y el despuntado ayudarán a que la floración se prolongue al máximo. Sin embargo, es posible que adelanten el final, de modo que deberá prever que muchas florezcan hacia mediados del verano. Si lo que desea es tener un poco de color a principios del otoño, realice una última siembra a finales de la primavera o principios del verano.**
- **Al ser bastante más fuertes que las plantas de los macizos veraniegos, las anuales resistentes resultan de gran utilidad en zonas frías o recipientes y cestas colgantes situadas en el exterior. Tanto la capuchina (*Tropaeolum peregrinum*) como las rastreras son especialmente adecuadas para un cesto colgante.**

Plantación de bulbos

Los bulbos de floración primaveral, veraniega y otoñal nos brindan la oportunidad de proporcionar una nota adicional de color al jardín. Plántelos bajo arbustos o entre vivaces en un arriate de flores o utilícelos para naturalizarlos de manera informal en céspedes y pomares, o bien formalmente en arreglos estacionales de macizos. Puede cultivar bulbos en macetas si desea que sus colores se extiendan por todo el jardín.

△ **SI DESEA UNA MACETA** *con una correcta disposición, plante dos capas de bulbos, una por debajo de la otra. Si el recipiente es grande, podrá añadir una tercera capa con las puntas a nivel del sustrato.*

▽ **LOS BULBOS** *de floración primaveral como los acónitos de invierno, las campanillas de invierno y* Cyclamen *coum forman sorprendentes alfombras de color bajo árboles grandes, antes de que salgan las hojas.*

SUELO Y SITUACIÓN

Los bulbos requieren un suelo bien drenado pero que retenga la humedad, con abundante materia orgánica bien descompuesta. Introduzca un cubo de arena por m² con la ayuda de una laya para mejorar el suelo arcilloso, y plante los bulbos propensos a la podredumbre, como los lirios, las coronas imperiales y los tulipanes, sobre una capa de 2,5 cm de arena depositada en el fondo del agujero de plantación. Mezcle con un fertilizante especial para bulbos o superfosfato antes de plantar. La mayoría de los bulbos necesitan un lugar soleado, aunque los lirios prefieren que las raíces queden bajo la sombra producida por las plantas circundantes. Los narcisos enanos, el resistente *Cyclamen* y las campanillas de invierno se desarrollan con sombra ligera o moteada, como por ejemplo bajo árboles o arbustos. Como regla general, plante los bulbos a una profundidad de tres veces su propia altura con la ayuda de una palita o un plantador de bulbos, pues si los planta demasiado superficialmente quizá no vuelvan a florecer en años.

NATURALIZACIÓN EN MÁRGENES

Los bulbos de primavera desarrollados bajo arbustos o entre vivaces escapan de los arriates en una primera fase. Entre los más adecuados se encuentran *Anemone blanda*, las campanillas de invierno que forman una alfombra o un gran número de narcisos, especialmente los de tipo enano como «February Gold» y «Jet Fire», que presentan un follaje compacto. Después de la floración, deje que las hojas se marchiten de forma natural; oculte el follaje desordenado de los narcisos grandes plantándolos hacia el fondo del margen, con especies vivaces delante. Espacie los bulbos a una distancia de la mitad de la altura de las flores; con ello dispondrá de espacio suficiente para que los grupos se mantengan durante años sin compactarse ni necesitar un aclarado. Retire las campanillas de invierno después de la floración, pero mientras las

△ **LA FRITILARIA** *(o tablero de damas), con sus colgantes flores primaverales en forma de campana, resultan soberbias para su naturalización bajo árboles en suelos húmedos, donde pueden seguir un modelo inusual.*

hojas estén aún verdes; en el caso de otros bulbos de primavera, hágalo a finales del verano; delimite el terreno de modo que sepa dónde se encuentran.

NATURALIZACIÓN EN EL CÉSPED

Para lograr un efecto informal, disemine bulbos de distintas alturas y plántelos donde caigan. Los macizos grandes de crocos, narcisos, *Scilla* o campanillas de invierno tendrán un aspecto más atractivo mientras que *Fritillaria meleagris* (tablero de damas) y *Anemone blanda* resultan también muy impresionantes. Levante una porción de tepe y plante los bulbos después de mejorar el suelo, y a continuación disponga el tepe otra vez en la posición inicial. No corte la hierba durante al menos seis semanas después de la floración, o hasta que el follaje del bulbo se haya marchitado por sí mismo, ya que de otro modo florecerían en años alternos. Abone en primavera y otoño tanto el césped como los bulbos con un fertilizante para césped que no contenga herbicida. Evite plantar bulbos demasiado cerca de un seto, ya que morirían.

PLANTACIÓN FORMAL

Para un arriate de tipo formal son ideales algunos bulbos como los jacintos y los tulipanes, que se arrancan anualmente y se almacenan durante el verano, aunque también se pueden plantar otros. Después de aclarar el arriate de verano, introduzca superfosfato en el suelo con la ayuda de una horca, y plante bulbos de primavera. Hágalo en columnas, como ribete de un arriate de invierno y de primavera, o en bloques, de forma geométrica. Después de la floración, extraiga los bulbos mientras el follaje esté todavía verde para que los arriates estén disponibles en verano. Coloque los bulbos en alguna parte del jardín con el fin de completar el ciclo de desarrollo; cuando el follaje se haya marchitado, los puede extraer, secar y almacenar para el verano en un cobertizo fresco y sombrío, listos para volver a plantar en el jardín durante el otoño.

▽ **PARA NATURALIZAR** *los crocos en el césped, levante una pieza del tepe, disemine los cormos y plántelos donde caigan; después, vuelva a colocar el tepe de nuevo por encima.*

◁ ***NARCISSUS POETICUS* «PLENUS»** *es una planta típica de los jardines campestres con flores aromáticas, y resulta ideal para un césped o un macizo.*

PLANTACIÓN EN RECIPIENTES

Los bulbos de primavera como los jacintos, los tulipanes y los narcisos enanos resultan muy adecuados para macetas, tinajas, artesas y macetas de ventanas. Cultívelos junto a especies para macizos de primavera como los alhelíes, o solos en un sustrato con tierra. Las reglas habituales de plantación no le servirán en este caso: plante los bulbos bastante cerca unos de otros, pero sin que se toquen demasiado, de modo que las puntas queden alineadas con la superficie del sustrato. Mantenga los recipientes en un terreno fresco durante varios meses después de plantar mientras los bulbos forman raíces, evitando la lluvia intensa y el riesgo de encharcamiento. Después, trasládelos a la posición final en el patio o junto a la puerta de entrada una vez desciendan las temperaturas. Deje fuera las macetas que sean para el interior hasta que se formen las yemas, y a continuación colóquelas en una habitación fresca.

BULBOS PARA TODAS LAS ESTACIONES

BULBOS DE PRIMAVERA: plante los de enraizamiento temprano como los narcisos de los prados a principios del otoño; deje los tulipanes y los jacintos hasta mediados de esta estación.

BULBOS DE VERANO: plante los tipos resistentes como *Nerine, Galtonia* y *Amaryllis belladonna* en primavera y deje que se naturalicen en un terreno cálido y soleado; plante bulbos no resistentes como *Tigridia*, los gladiolos, *Canna* y *Eucomis* a finales de la primavera, y retírelos después de la floración, antes de las primeras heladas.

BULBOS DE OTOÑO: los bulbos de floración otoñal como *Colchicum, Sternbergia* y los crocos de otoño se encuentran disponibles durante un tiempo limitado a finales del verano, de forma que deberá plantar inmediatamente; el follaje no aparecerá hasta la primavera siguiente y no debe tocarse. Plante el resistente *Cyclamen* a partir de maceta cuando esté en período de crecimiento, con el tubérculo justo por encima del nivel del suelo.

Cultivo y cuidado de las especies alpinas

El término especie alpina incluye a los bulbos enanos, las plantas en roseta como Sempervivum, *las especies bajas de hábito rastrero, las plantas compactas formadoras de montículos y los arbustos miniatura, y todos ellos necesitan buenas condiciones de drenaje. Las especies alpinas raramente se cultivan ya en rocallas, pues no es bueno trasladar tierra caliza y otras rocas desde su hábitat natural, pero existen atractivas alternativas para su cultivo entre las cuales se encuentran los macizos elevados y los jardines hundidos.*

▷ **EN ESTE MARAVILLOSO TERRENO,** *los materiales rocosos en pendiente dan lugar a un bello jardín profusamente plantado. La decorativa cobertura de láminas de piedra crea las condiciones perfectas para el drenaje de las especies alpinas.*

MACIZOS ELEVADOS

En suelos pesados o cuando el drenaje no es el adecuado, construir macizos elevados constituye una mejora, pues supone la rápida disponibilidad de agua. Los muros pueden ser de ladrillos, piedra o bloques de hormigón, según el jardín: el muro de piedra seca proporciona una apariencia más natural, mientras que el bloque de hormigón resulta más formal. El macizo se ha de llenar con una mezcla en proporciones iguales de arena, tierra esterilizada y sustitutos de la turba como fibra de corteza de coco o mantillo; esta mezcla proporciona un buen drenaje al tiempo que retiene la humedad suficiente para las plantas alpinas. La parte superior de un macizo con especies alpinas se decora siempre con trozos de roca y, después de plantar, se cubre con láminas de piedra.

▷ **DEBE DESHERBAR CON CUIDADO** *en primavera los grupos de especies alpinas del macizo elevado; cúbralo posteriormente con una capa de grava o láminas de piedra. Con ello mejorará el drenaje y se creará una especie de acolchado que retendrá la humedad y eliminará las malas hierbas.*

MACIZOS EN LADERAS PEDREGOSAS

Un macizo de una ladera pedregosa puede estar plano o situado en una pendiente suave, donde el suelo presentará un drenaje natural, o bien puede disponer de un macizo elevado. La idea de este tipo de macizos consiste en trasladar al jardín las condiciones naturales existentes al pie de una montaña, donde las pequeñas piezas de roca desprendida conforman el terreno. En un jardín, un macizo en una ladera pedregosa deberá contener una mezcla a partes iguales de grava y tierra, con lo que se asegura un perfecto drenaje, cubierta por una capa de guijarros o láminas de roca que proporcionan una apariencia natural al fondo de las especies alpinas.

Construcción de una jardinera de piedra

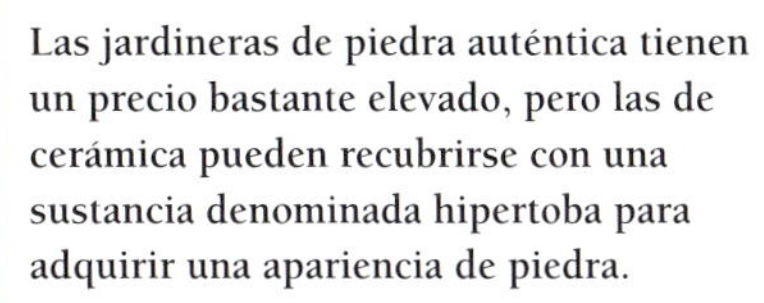

Las jardineras de piedra auténtica tienen un precio bastante elevado, pero las de cerámica pueden recubrirse con una sustancia denominada hipertoba para adquirir una apariencia de piedra.

1 *En primer lugar aplique una sustancia adhesiva sobre el lado externo de la jardinera para obtener una superficie rugosa sobre la cual pueda adherirse la mezcla.*

2 *Cuando el adhesivo esté seco, mezcle partes iguales de arena gruesa, cemento y fibra de corteza de coco gruesa o turba hasta obtener una pasta ligeramente pegajosa con agua. Extiéndala sobre el lado externo de la jardinera con la ayuda de unos guantes de goma, hasta lograr un acabado desigual, semejante al de la piedra. Utilice un cepillo de alambre para bordear la superficie cuando esté seca.*

3 *Deje transcurrir varias semanas antes de plantar en el recipiente.*

Plantación en una jardinera

Las jardineras son como macizos elevados o pedregosos en miniatura, situados en el interior de un recipiente. Constituyen la manera perfecta de albergar una pequeña colección de alpinas compactas, logrando un atractivo elemento para su patio. Si las coloca por encima del nivel del suelo podrá apreciar en su totalidad la intrincada belleza de las plantas.

1 *Llene la jardinera con una mezcla a partes iguales de compost para macetas John Innes n.º 3, mantillo foliar y arena gruesa.*

2 *Plante una variada selección de plantas en roseta, formadoras de matas y rastreras, junto a un gran número de vivaces, si desea obtener un efecto duradero durante todo el año.*

3 *Decore la superficie con un acolchado de láminas de piedra y una o dos pequeñas rocas.*

4 *A pesar de su reputación como plantas resistentes a la escasez de agua, deberá mantenerlas regadas en épocas secas debido al limitado volumen de tierra del que puede disponer el recipiente, lo cual hace que ésta se seque con suma rapidez.*

ALPINAS DURANTE TODO EL AÑO

Si les proporciona las condiciones adecuadas, las especies alpinas no suelen dar demasiados problemas, y pondrán una nota de interés en su jardín durante todo el año.

CUIDADOS EN PRIMAVERA

A principios de la primavera, desherbe cuidadosamente y tome precauciones contra las babosas. La mayoría de las alpinas son de floración primaveral, de modo que es en esta época cuando los elementos rocosos resultan más atractivos. También es una buena estación para añadir nuevas plantas al conjunto. Después de la floración, tome esquejes utilizando los brotes tiernos y jóvenes de nuevo desarrollo. Enráicelos en recipientes con sustrato para siembra en un terreno sombrío y fresco protegido: una cajonera fría bien ventilada a la sombra resulta perfecta. La mayor parte de las especies alpinas deben propagarse regularmente para poder sustituir los ejemplares viejos o exhaustos; en algunos casos es posible separar porciones de especies expansivas con un poco de raíz para conseguir plantas nuevas. Añada un abono ligero durante esta estación.

CUIDADOS EN VERANO

En climas secos, incluso las especies alpinas pueden necesitar algo de riego, aunque es preferible sumergirlas totalmente y luego dejarlas durante algún tiempo, ya que si el riego es suave las raíces emergerán hasta la superficie, lo que dificultará el manejo de las plantas.

CUIDADOS EN OTOÑO

Elimine el follaje muerto de las plantas y limpie el que se haya caído. Termine colocando las láminas de la superficie bajo plantas en roseta para evitar la acción de las babosas y mejorar el drenaje alrededor del cuello de las plantas, lo cual ayudará a prevenir la podredumbre en invierno.

CUIDADOS EN INVIERNO

Proteja las plantas delicadas del exceso de humedad cubriéndolas con una lámina de cristal inclinada por el que resbale la lluvia; no utilice campanas, ya que resulta esencial para las especies alpinas disponer de aire fresco.

Elección del invernadero

Un invernadero constituye un excelente accesorio del jardín, un elemento que le permitirá obtener sus propias plantas a partir de semillas y esquejes, así como cosechas comestibles de algunas hortalizas como los tomates y los pepinos, que funcionan mejor bajo cubierto. En un invernadero con calefacción pueden invernar las vivaces semirresistentes y se puede disponer de plantas para macetas de invernadero como Cineraria, *o de colecciones especiales de fucsias o cactos.*

△ **UN INVERNADERO DE ESTILO VICTORIANO** *constituye una nota distintiva en el jardín. Este modelo presenta respiraderos a lo largo del techo, lo que ayuda a mantener temperaturas más bajas en verano.*

TIPOS DE INVERNADEROS

Los invernaderos pueden ser de metal o de madera. Los de madera de cedro tienen una inmejorable apariencia en el jardín, pero necesitan un tratamiento regular para la madera y resultan bastantes caros; en cambio, los de aluminio no requieren mantenimiento. El tamaño más adecuado para el invernadero es de 2,5 x 1,8 m, y en los grandes almacenes de bricolaje encontrará varios modelos a precios económicos. Pero si prefiere uno de mayores dimensiones, o de formas poco usuales, o bien un invernadero sólido capaz de soportar fuertes vientos o con sistemas de acristalamiento avanzados (sobre todo si planea tener que utilizar calefacción), deberá acudir a un fabricante especializado. Los invernaderos de forma redondeada disponen de menor espacio pero ofrecen una gran zona para que se

◁ **AUNQUE LOS INVERNADEROS** *de madera requieren cierto mantenimiento regular, su ventaja radica en que pueden cubrirse fácilmente de plástico de burbujas o ensombrecerse con unos simples soportes.*

ELEMENTOS ADICIONALES

- **Una cajonera eléctrica de propagación es la forma más económica de mantener una temperatura elevada en una zona pequeña: utilícela para propagar plantas en primavera u otoño, y para que invernen las especies más pequeñas y delicadas, que necesitan una temperatura más alta que el resto del invernadero.**
- **Un sistema automático de riego le ahorrará tiempo: se trata de unos tubos alimentadores principales que corren a lo largo de las estanterías o por los laterales, de los cuales salen microtubos que conducen el agua a los recipientes individuales. El sistema puede alimentarse desde un recipiente con agua situado en el mismo invernadero o desde la toma de agua principal. Se puede añadir un programador para temporizar automáticamente el riego.**

desarrollen las plantas; los adosados, por su parte, utilizan un muro de la casa y captan el calor mejor que los demás.

EQUIPO PARA EL INVERNADERO

Coloque respiradores de abertura automática para evitar que el invernadero se caliente en exceso si va a estar fuera durante el día; otros respiraderos adicionales o un respiradero de celosía en la pared trasera también serán de utilidad. Puede instalar persianas para ayudar a mantener la temperatura baja, o pintar el exterior del cristal con un líquido sombreante en verano. Necesitará estanterías para cultivar las plantas en macetas o para manejar las bandejas con plántulas; una hilera doble multiplicará el espacio de cultivo disponible. Por lo general, los estantes se colocan a un lado del invernadero y se deja libre el otro, ya que los cultivos como el tomate crecen mejor en el suelo. El suelo pavimentado proporcionará una base firme para los estantes, al tiempo que facilitan la limpieza del espacio.

CALEFACCIÓN

La calefacción permite poder utilizar el invernadero durante todo el año. La electricidad es el mejor método siempre que el invernadero esté cerca de la casa, ya que puede utilizarse un termostato que controle el gasto. Acuda a un contratista para el suministro, coloque un cable blindado bien enterrado en el suelo y disponga de un ACR (aparato de corriente residual) para que el sistema se apague en caso de accidente. Proporcione el calor justo para que el invernadero no se hiele, dejando los termostatos a 5 ºC, de modo que la factura de electricidad no suba excesivamente y las plantas se mantengan en buenas condiciones.

▷ **EN PRIMAVERA,** *cuando la siembra de semillas y la plantación en macetas están en marcha, el invernadero resulta de gran utilidad. Los estantes son muy necesarios para una óptima utilización del espacio.*

MANTENIMIENTO EN PRIMAVERA

- **Riegue las plantas y plántulas ligeramente al principio, e incremente la frecuencia a medida que avance la estación.**
- **Aplique un fertilizante líquido una vez que las plantas empiecen a crecer a un ritmo más rápido.**
- **Si hace calor, ventile.**
- **Limpie el propagador y coloque arena blanca limpia en la base; comience la siembra de semillas.**
- **A finales de la primavera, pellizque las plantitas y plante en recipientes los esquejes enraizados; vuelva a plantar los ejemplares que lo necesiten.**

MANTENIMIENTO EN VERANO

- **Riegue a diario y mantenga las plantas sobre una estera capilar húmeda en la parte superior de las estanterías con el fin de mantener el sustrato húmedo. Aplique regularmente un abono líquido a las macetas.**
- **Un sombreado ayudará a mantener las temperaturas bajas.**
- **Tome precauciones contra plagas como las de los áfidos y la mosca blanca.**

MANTENIMIENTO EN OTOÑO

- **Reduzca el riego cuando se ralentice el desarrollo de las plantas; retire la estera capilar de las estanterías y riegue las macetas a mano y de una en una. Hágalo por la mañana de modo que las plantas no queden húmedas durante la noche, pues el aire húmedo y fresco favorece la propagación de enfermedades fúngicas.**
- **Elimine el sombreado y, si el tiempo es bueno, saque todo fuera del invernadero para limpiar el interior con agua tibia y desinfectante; lave bien las estanterías y el cristal.**
- **Coloque un elemento de aislamiento, como un plástico de burbujas, sobre el interior del techo y las paredes. Lleve las plantas y las especies no resistentes al interior.**
- **Encienda el sistema de calefacción del invernadero.**

MANTENIMIENTO EN INVIERNO

- **Riegue mínimamente; ventile cuando el tiempo lo permita.**
- **Compruebe que se mantenga la temperatura adecuada con la ayuda de un termómetro de máximas y mínimas.**

Utilización del invernadero

Con los cuidados adecuados, es posible cultivar diversos tipos de plantas de forma conjunta, incluyendo cultivos comestibles y plantas ornamentales de maceta, así como obtener ejemplares a partir de semillas y esquejes. No intente nunca llenar en exceso el invernadero; las plagas y las enfermedades se expanden con gran rapidez y son difíciles de eliminar en estas condiciones, lo que se refleja en la tendencia de las plantas a presentar un desarrollo alto y espigado.

CULTIVOS COMESTIBLES

Las hortalizas que prefieren condiciones cálidas, como los tomates, los pimientos, las berenjenas y los pepinos, pueden cultivarse en los laterales del invernadero durante los meses de verano. Recoléctelas a principios de otoño con el fin de disponer de espacio suficiente para las plantas que necesiten protección contra las heladas. Utilice el suelo de los laterales del invernadero para cultivar cebollas y lechugas en invierno, listas para comer ensalada fuera de estación.

CULTIVO DE ORNAMENTALES

Apilar estanterías es una forma ideal de disponer de colecciones mezcladas de plantas veraniegas como *Coleus*, la tuberosa *Begonia, Browallia, Abutilon, Clivia*, el heliotropo, *Gerbera* y fucsias de flores grandes o petunias, que de otro modo se estropearían con el frío del exterior. Para obtener un invernadero lleno de flores durante el invierno utilice plantas de interior como las azaleas, *Cyclamen, Cineraria, Primula obconica* y *P. malacoides*. Inténtelo con trepadoras sensibles como *Bougainvillea*, *Plumbago* o la pasionaria.

INVERNACIÓN

Tome esquejes a finales del verano, enráicelos en bandejas o macetas pequeñas y plántelos en primavera. Como alternativa, puede desenterrar las plantas a principios del otoño, recortarlas unos pocos centímetros y plantarlas. Un invernadero sin heladas es también el lugar ideal para albergar arbustos de patio ligeramente sensibles, como *Cordyline* de tipo palmera.

◁ **LAS MACETAS CON PLANTAS ORNAMENTALES** *como la fucsia y la begonia añaden un colorido acabado al contorno de un invernadero plantado con hortalizas. Mantenga controladas las plagas: la mosca blanca puede resultar una molestia.*

ARREGLOS DE INVIERNO Y PRINCIPIOS DE LA PRIMAVERA

Después de aclarar las cosechas de primavera como los tomates, utilice un invernadero frío durante el invierno para albergar diversas plantas. El eléboro negro (*Helleborus niger*) cultivado en maceta y las camelias florecen antes en el interior, y de este modo sus inflorescencias no se ven afectadas por el viento o las heladas severas. Plante hiedras junto a coloridas prímulas, ranúnculos, *Polyanthus* y bulbos de principios de la primavera para conseguir un bello efecto en las estanterías. También puede cultivar flores anuales resistentes en macetas o tener una colección de alpinas de floración más

◁ **ESTE ENORME INVERNADERO** *lleno de plantas se ha utilizado principalmente para el cultivo de especies poco resistentes. Con el termómetro de máximas y mínimas se puede comprobar la temperatura en todo momento, y el suelo se mantiene mojado para aumentar el grado de humedad.*

▽ **SI DISPONE DE ESPACIO** *en un invernadero con calefacción, utilícelo para la propagación de sus propias plantas. Los esquejes enraizados a finales del verano ocupan poco espacio en la mesa durante el invierno.*

temprana, como muchas saxífragas y bulbos enanos. Utilice el espacio del techo para que los geranios invernen en cestos colgantes, o bien plante éstos a principios de la primavera y suspéndalos del techo del invernadero hasta que hayan pasado las heladas.

CULTIVO DE BULBOS DE PRIMAVERA EN RECIPIENTES

Elija bulbos sanos, firmes y rollizos, y plántelos de forma que justo sobresalga la «nariz» (no es necesario plantarlos a la misma profundidad a la que lo haría en el suelo) y cerca uno del otro, casi tocándose. Riegue ligeramente; colóquelos en un sitio oscuro y fresco de modo que puedan formar raíces: utilice un cobertizo, un garaje o el espacio que queda bajo un tanque de gasóleo; si el lugar es muy cálido, los brotes aparecerán demasiado pronto.

Cuando salgan las primeras hojas, trasládelos a un invernadero frío o libre de heladas y colóquelos en una sombra ligera durante unos cuantos días para que se aclimaten a la luz de forma gradual. Proporcione el agua justa para mantener el sustrato húmedo, pero no demasiado, y abone cada quince días con un fertilizante líquido para tomates no muy intenso. Después de la floración, desentierre los bulbos de las macetas y plante todo el grupo en el jardín.

COLECCIONES ESPECIALES

Después de haber probado con una gran variedad de plantas, muchos jardineros especializados en invernaderos desarrollan cierta habilidad para un determinado grupo de especies en particular, como los cactos, las fucsias, los geranios o las begonias gigantes, para mostrarlas en exposiciones. En estos casos resulta conveniente acondicionar el invernadero para que abastezca sus necesidades, invirtiendo en un equipo especializado compuesto de persianas, calefactores o ventiladores.

Cuidado del estanque

Los estanques proporcionan un ambiente relajado y un valioso hábitat para la vida silvestre en el jardín. Representan además una oportunidad única para cultivar un variado abanico de plantas que no pueden acomodarse fácilmente a otros lugares. Los estanques requieren un mantenimiento regular para ofrecer su mejor apariencia.

◁ **LAS LENTEJAS DE AGUA** *constan de dos delgadas hojas que flotan sobre la superficie del agua, y poseen raíces cortas y rastreras. Se multiplican rápidamente formando esteras que ocultan el fondo del estanque. Extráigalas con la ayuda de un salabre.*

INTRODUCCIÓN DE PLANTAS

El inicio de la estación de desarrollo es la época ideal para añadir nuevas plantas al estanque. La mayoría de las plantas palustres, como el lirio de agua (*Iris laevigata*), la hierba centella (*Caltha palustris*) y la pontederia (*Pontederia cordata*) necesitan tener 7,5 cm de agua por encima; sitúelas en bandejas de plantación en las orillas del estanque. Los nenúfares requieren un agua más profunda, de unos 15-45 cm dependiendo de la variedad. Las especies grandes son, en cualquier caso, demasiado invasivas para los estanques de jardín; elija los tipos enanos, que también preferirán aguas más superficiales.

Compre siempre plantas acuáticas cultivadas en cestas y sumérjalas lentamente en el estanque; si es necesario, colóquelas sobre ladrillos para que dispongan de la profundidad adecuada. Las especies flotadoras como la lechuga de agua, el jacinto acuático o la castaña de agua añaden un elemento de variedad, pero no resisten las temperaturas invernales, por lo que deberá volverlas a introducir cada año.

Resulta esencial incluir plantas oxigenadoras (malas hierbas acuáticas sumergidas) si desea disponer de peces en el estanque; éstas no se cultivan en cestos, pero se enraizan en el fondo.

La espiga de agua canadiense (*Elodea*) es la más popular ya que, al ser perennifolia, libera oxígeno en el agua incluso en invierno, además de proporcionar protección a los peces.

DIVISIÓN DE LAS PLANTAS ACUÁTICAS

Cada pocos años deberá dividir las plantas acuáticas establecidas, si éstas están masificadas. Extraiga las cestas del estanque y elimine los ejemplares viejos. Divida del mismo modo que en el caso de las vivaces de jardín; a continuación, elimine las partes viejas del centro y vuelva a plantar porciones sanas obtenidas del extremo. Revista el cesto con tela de yute o con una red de plástico fina especial para ello, y llénelo a continuación con sustrato para especies acuáticas o tierra normal que no haya sido

◁ **UNA FUENTE** *proporcionará a su jardín el maravilloso sonido del agua en movimiento. Los lirios variegados son buenas opciones para estanques pequeños, y aprecian ser rociados con agua.*

△ LA ESPIGA DE AGUA CANADIENSE *es una poderosa e invasiva planta acuática, pero al ser la única perennifolia y no morir en invierno, resulta un elemento esencial para mantener el agua oxigenada si se desea disponer de peces en el estanque. Controle su excesivo desarrollo aclarándola regularmente durante el verano.*

tratada con fertilizante. Disponga guijarros encima del sustrato para que el cesto pese más, y vuelva a colocarlo cuidadosamente en el estanque.

EVITAR EL AGUA TURBIA

El agua verde o turbia es un problema común en los estanques nuevos, y con frecuencia afecta también de forma temporal a los ya establecidos durante la primavera, cuando los organismos acuáticos alcanzan su propio equilibrio. Sin embargo, el problema se resuelve por sí mismo en pocos meses. Mantenga el agua limpia empleando una mezcla de especies palustres así como nenúfares u otras plantas flotantes, para proteger la mitad de la superficie del agua. Una pequeña bomba para airear el agua también ayudará a limpiar el estanque, y los filtros pueden eliminar algunas algas. Una estera de paja de cebada sumergida en el agua la mantendrá bastante limpia, al igual que los productos químicos disponibles en centros de jardinería o proveedores especializados.

HIERBA COBERTORA

Se trata de un tipo de alga formadora de cepas fibrosas que se constriñen en gruesas masas semejantes al algodón y cubren el estanque. Crece sin control cuando llega abono nitrogenado desde el jardín y si a su alrededor hay pocas palustres y otras plantas de estanque. Elimínela regularmente de forma manual o bien introduzca el extremo de una caña entre la masa, enrolle y estire. Si lo hace con frecuencia, la hierba cobertora reducirá lentamente el nivel de nitrógeno en el estanque y su desarrollo no constituirá tanto problema. Asimismo, es un buen ingrediente para el compost.

◁ COMPRUEBE *el nivel de agua del estanque semanalmente durante el verano. Si observa peces que asoman en la superficie cuando hace calor, será un indicativo de la falta de oxígeno. Rocíe la superficie con una fina lluvia con la ayuda de una manguera para introducir aire rápidamente.*

CUIDADOS EN VERANO

- **Las malas hierbas acuáticas se expanden con gran rapidez y necesitan un aclarado regular en verano: arránquelas a mano, sacudiendo las puestas de peces y anfibios, y disponga los desechos en la pila de compost.**
- **Mientras trabaje en el jardín no utilice nunca fertilizantes o sustancias químicas en el estanque o cerca de él, ya que pueden matar a los peces o favorecer el desarrollo de algas indeseables.**
- **Si el tiempo es caluroso, llene los estanques regularmente con agua normal del grifo, pues los niveles de agua pueden descender 2,5-5 cm por semana (si esto ocurre durante todo el año, coloque un revestimiento protector contra los escapes).**
- **Utilice una bomba para añadir oxígeno al agua durante el verano, ya que los peces tienden a sufrir en estas condiciones.**

CUIDADOS EN OTOÑO E INVIERNO

- **No alimente a los peces cuando el clima se vuelva más fresco y descienda su actividad, ya que la comida que no se ingiera se descompondrá y contaminará el estanque.**
- **Elimine el follaje muerto o seco de las plantas de la orilla y retire las especies flotantes, como el jacinto acuático, que no soportan el invierno en el exterior. Póngalos en jarras con agua del estanque, situadas en una luminosa jardinera de ventana en el interior.**
- **Cubra el estanque con una red para evitar la contaminación causada por las hojas caídas y controle a las garras, que se alimentan de los peces del estanque durante el invierno. Limpie regularmente las hojas muertas de la red.**

Cultivo en recipientes

Los recipientes como las tinajas, las macetas y las artesas forman atractivos arreglos cuando se llenan de plantas y constituyen una buena forma de cultivar ejemplares cuando no se dispone de suficiente terreno, ya que convierten todo tipo de superficies pavimentadas en animados oasis de colores. Uno de los atractivos de estos recipientes reside en su movilidad, ya que se puede trasladar allí donde se requiera una nota de interés o una explosión de colorido.

△ **PUEDE PLANTAR MACETAS,** *tinajas y artesas de plástico, terracota, madera y cerámica en un amplio abanico de estilos, formas y tamaños. Sin embargo, evite mezclar demasiados tipos distintos, ya que el efecto resultará caótico.*

△ **UTILICE LA MAYORÍA DE LOS RECIPIENTES** *en zonas del jardín donde no haya tierra. Mezcle macetas altas junto a cestos colgantes y macetas colocadas sobre plataformas.*

TIPOS DE RECIPIENTES

Las macetas de terracota son las más tradicionales y se encuentran disponibles en un gran número de formas y tamaños pero al ser porosas las plantas cultivadas en ellas se secan con gran rapidez. La terracota resistente a las heladas presenta una mayor protección cuando se utiliza en el exterior durante el invierno.

Las macetas de cerámica esmaltada, por su parte, algunas de ellas decoradas con motivos orientales, se encuentran pintadas de diversos colores y resultan especialmente adecuadas para flores que coordinen con el color de la maceta. Los recipientes de plástico son los más económicos, y aunque este material se vuelve frágil al exponerlo a la luz solar durante algunos años, si los elige de mayor calidad le resultarán bastante duraderos.

SUSTRATO PARA MACETAS

Puede utilizar cualquier sustrato para macetas en los distintos recipientes. Los que cuentan con una base de tierra son más pesados, con lo que proporcionan mayor estabilidad a las plantas altas o con la mitad superior más densa, mientras que en un jardín de terraza, donde el peso es un elemento a tener en cuenta, es preferible utilizar un sustrato sin

▽ **EN UN RECIPIENTE GRANDE** *casi es posible lograr un macizo con flores; agrupe las plantas para lograr un mayor efecto.*

Cuidados en verano

LA SEQUÍA es el mayor riesgo para las plantas cultivadas en recipientes, por lo que deberá comprobar el nivel de humedad regularmente y regar tan a menudo como sea necesario para mantener el sustrato adecuado. A mediados del verano, puede que sea necesario regar diariamente y dos veces al día en el caso de las macetas pequeñas, pero tenga cuidado de no hacerlo en exceso al principio de la estación, cuando el crecimiento es todavía lento.

ABONE LOS RECIPIENTES una vez a la semana desde finales de primavera hasta finales del verano. El abono líquido para tomates resulta ideal para cualquier planta que florezca: diluya hasta la mitad o un cuarto la dosis normal, dependiendo del vigor de la planta. Puede utilizar además un fertilizante de liberación lenta en el caso de los arreglos que luzcan sus características de forma prolongada.

EL DESPUNTADO resulta vital para las plantas cultivadas en recipientes, ya que éstas se encuentran permanentemente expuestas. Hágalo dos veces a la semana durante todo el verano para mantener las plantas arregladas y lograr que florezcan de una forma adecuada.

Plantación en recipientes

1 Cubra los agujeros de drenaje en la base del recipiente con piedras o trozos de poliestireno para evitar que el sustrato se filtre.

2 Empiece a llenar el recipiente con sustrato; deje suficiente espacio para el cepellón de la planta.

3 Después de regar, extraiga las plantas del recipiente golpeándolo ligeramente sobre una superficie dura hasta que salgan solas. Si están muy compactadas, libere unas cuantas de las raíces de mayor tamaño.

4 Coloque las plantas en la posición requerida, llene el contorno del cepellón con más sustrato y afirme. Asegúrese de que el sustrato se encuentre por debajo del borde de la maceta para facilitar el riego.

5 Riegue bien, coloque los soportes necesarios y traslade la maceta a su posición definitiva.

tierra. Para facilitar el cuidado rutinario de las plantas en macetas, mezcle cristales de gel que retengan agua y un fertilizante de liberación lenta en gránulos antes de plantar en el sustrato, siguiendo cuidadosamente las instrucciones del fabricante.

PLANTAS DE VERANO PARA RECIPIENTES

Plante los arreglos estivales en macetas después de la última nevada o, si dispone de espacio suficiente en el invernadero, hágalo seis semanas antes para que maduren y pueda trasladarlos al exterior con seguridad. Utilice plantas compactas para macizos o vivaces semirresistentes como la fucsia, el geranio, *Gazania* o *Felicia*. Una combinación de plantas rastreras, como la lobelia, con especies de porte erguido como la begonia, y otras arbustivas, como el geranio, conforman un bello conjunto. Agrupe varias macetas de aspecto similar y siga un esquema de plantación claro si desea conseguir un atractivo efecto en el jardín.

ARREGLOS DE INVIERNO Y PRIMAVERA

Cuando el macizo de verano haya ofrecido todo su esplendor, poco antes de las primeras heladas, vacíe y vuelva a plantar los recipientes si desea disponer de una nota de color en invierno y primavera. No es necesario sustituir el sustrato, ya que las plantas de invierno prefieren un contenido bajo en nutrientes. Elimine las plantas muertas y sus raíces, y si es necesario añada más sustrato al recipiente. Después, plante bulbos de primavera, pensamientos de floración invernal o especies propias de macizos primaverales como *Polyanthus*, *Primula* o los alhelíes. Las plantas de follaje como la hiedra o el evónimo pueden utilizarse como relleno. Otra opción para evitar el riesgo de dañar las plantas durante un invierno muy frío consiste en esperar hasta la primavera; compre especies para macizos de primavera como los ranúnculos o el nomeolvides, y plántelas en recipientes cuando estén a punto de florecer, con lo que conseguirá un impacto inmediato.

Sitúe los recipientes de primavera e invierno en un terreno protegido y evite el encharcamiento colocándolos sobre ladrillos o pies de maceta. A principios del verano, cuando haya pasado la época de las plantas de primavera e invierno, elimínelas y sustituya el sustrato completamente, de forma que quede listo para el arriate de verano.

Recipientes para todo el año

Las plantas de macizos tendrán que sustituirse en verano y otoño para mantener los recipientes llenos de color durante todo el año, pero las resistentes perennifolias son permanentes, por lo que resultan ideales para cualquier recipiente. Elija tipos compactos de arbustos, coníferas, hiedras, formios y palmeras resistentes para conseguir un efecto inmejorable. Algunas plantas caducifolias, como Hosta *y* Clematis, *también son excelentes opciones.*

MACETAS Y SUSTRATO PARA MACETAS

En lugar de cultivar varias plantas en una sola maceta, como en el caso de los arreglos estivales, utilice sólo un especimen arbustivo por maceta si prefiere disponer de una nota de interés durante todo el año, o bien plante un grupo de herbáceas como *Hosta* en un recipiente ancho. Las macetas de plástico o de madera son más duraderas para su utilización en el exterior durante el invierno que las de cerámica o terracota, pero si elige estas últimas opte por un modelo resistente a las heladas para evitar que se partan cuando la temperatura descienda (contrariamente a la creencia popular, no protegen a las plantas contra ellas).

El sustrato con una base de tierra es el más adecuado para las plantas que van a permanecer en la misma maceta durante varios años, ya que retiene los nutrientes mejor que las mezclas con base de turba o fibra de corteza de coco. Si va a cultivar plantas que no toleran la cal, como las

SISTEMAS DE RIEGO AUTOMÁTICO

Para facilitar el cuidado de los recipientes, considere la posibilidad de instalar un sistema de irrigación. El mismo sistema que se utiliza en un invernadero, donde cada maceta tiene su propio microtubo, puede adaptarse también en el exterior con las macetas conectadas a una bota de agua o unidas mediante una manguera a la toma principal. Si se dejan siempre en el mismo lugar, puede regar abriendo la llave del grifo o mediante un temporizador computerizado. La ventaja de este sistema reside en que no tendrá que idear ningún invento especial cuando se vaya de vacaciones.

CUIDADOS EN INVIERNO

- **Los recipientes requieren algo de riego incluso en invierno, ya que con frecuencia los muros y las vallas repelen el agua de la lluvia.**
- **Coloque los recipientes sobre ladrillos o pies de macetas para evitar el encharcamiento.**
- **No abone después de finales del verano, ya que con ello favorecería el desarrollo tierno, que será fácilmente eliminado por las heladas.**
- **Los arbustos que se dejan en el exterior durante el invierno pueden necesitar una espaldera para asegurar su estabilidad frente al viento.**
- **Si las heladas se prolongan, resulta vital proteger las macetas y el resto de los recipientes, ya que las raíces de las plantas pueden morir. Utilice un material aislante como plástico de burbujas o coloque éste en el suelo del jardín y envuelva las plantas con vellón de horticultura. Si dispone de espacio suficiente en el invernadero o el porche, las plantas estarán más seguras allí, pero no las deje por un período superior a unos pocos días en sombra intensa.**

◁ UN PAR DE MACETAS *con especies perennifolias a cada lado de la puerta proporcionan una alegre bienvenida durante todo el año, mientras que los arbustos en flor como el nogal de brujas* (Hamamelis mollis) *crean un bello arreglo estacional.*

△ **EN UN TERRENO SOMBRÍO,** Fatsia japonica *forma junto a las hiedras un bello conjunto. La aralia florece en invierno, cuando quedan ya pocas flores.*

azaleas o las camelias, utilice un sustrato para ericáceas. Añada cristales de gel que retengan agua y un fertilizante de liberación lenta al sustrato cuando plante; vuelva a aplicar el fertilizante cada primavera practicando agujeros en el sustrato con la ayuda de un lapicero.

RECIPIENTES DE VARIOS AÑOS

La mayoría de las plantas de desarrollo lento pueden permanecer en el mismo recipiente durante tres o cinco años antes de tener que volver a plantarlas, siempre y cuando dispongan de sustrato con una base de tierra y reciban un abonado regular. Elimine la capa superior del sustrato en primavera y sustitúyala por una fresca (con ello eliminará también el musgo o los líquenes que se hayan podido desarrollar sobre la superficie). Si las plantas sobrepasan el recipiente en su desarrollo o éste disminuye, tendrá que volver a plantar antes. En la mayoría de los casos, la mejor época para hacerlo es en primavera, al principio de la estación de crecimiento, aunque en el de las especies de floración primaveral, como la azalea, es preferible dejarlo para inmediatamente después de la floración. Traslade cuidadosamente las plantas (si son demasiado grandes para el recipiente, plántelas fuera, en el jardín), vuelva a llenar la tinaja con sustrato y plante de nuevo los ejemplares originales o nuevas plantas.

PLANTAS PERMANENTES

Los arbustos perennifolios compactos como *Hebe,* el evónimo, *Choisya* y el romero resultan ideales para su cultivo en recipientes grandes, y en el caso del laurel o el boj se pueden modelar ornamentalmente en macetas. Las plantas arquitectónicas como *Fatsia japonica* y el formio ofrecen una apariencia especialmente atractiva si se cultivan en macetas aisladas; en terrenos ligeros opte por perennifolias ligeramente sensibles como la palma excelsa (*Trachycarpus fortunei*) y *Cordyline,* ya que pueden sobrevivir en el exterior durante el invierno. Los arbustos que no toleran la cal, como la azalea, *Camellia* y *Pieris,* constituyen estupendas plantas para tinajas, y cuando el suelo del jardín no resulta adecuado con frecuencia es la única manera de cultivarlas, utilizando sustrato de ericáceas. Algunas plantas caducifolias son perfectas para su cultivo en macetas, entre ellas el arce japonés, *Hosta* (más fácil de proteger contra las babosas que en el jardín), *Heuchera* y *Clematis,* cultivadas sobre obeliscos. Plante *Clematis* junto a otras plantas si desea mantener las raíces frescas y húmedas. Las coníferas también lucen bien en recipientes, siempre que se evite el riesgo de sequía, pues en ese caso el follaje adquirirá una tonalidad marrón y ya no se recuperará.

◁ **ANTE UNA HELADA INTEMPESTIVA,** *la solución de emergencia consiste en cubrir las plantas con unos periódicos viejos. Una vez se ha helado el sustrato, las raíces son incapaces de superar la sequedad e incluso las plantas más resistentes pueden morir.*

▷ **LAS PLANTAS EXÓTICAS** *como el agave y la palma excelsa* (Trachycarpus fortunei) *pueden cultivarse fuera durante el verano y, en regiones de clima muy suave, durante todo el año. Si las heladas son intensas, lleve las macetas bajo cubierto.*

Cultivo en cestos colgantes

Los cestos colgantes son la manera perfecta de poder disponer de plantas rastreras y conseguir una explosión de color para paredes, puertas y porches. A los arreglos de anuales veraniegas le sucederán las especies de macizos de invierno y primavera. Al estar rodeados de aire por todas partes, los cestos tienden a secarse con suma rapidez, por lo que deberá colgarlos en un lugar protegido y prestarles una frecuente atención.

△ **LA HEBE VARIEGADA,** *las hiedras rastreras y los pensamientos de invierno forman la base de este cesto colgante de invierno.*

TIPOS DE CESTOS

Los cestos de alambre tradicionales tienen una apariencia muy bella, pero al estar abiertos por los lados el contenido tiende a secarse rápidamente; cuando el sustrato contiene harina de huesos, el agua se escapa, y resulta difícil de mantener húmedo. Forre los cestos de alambre antes de añadir el sustrato; el material más adecuado es el musgo, ya que las plantas se desarrollarán sin problema por los extremos del cesto. También puede elegir entre diversas telas flexibles o revestimientos de plástico, además de polietileno de color negro, aunque éste tiene una apariencia menos natural: practique algunos agujeros en los laterales. Asimismo, podrá adquirir cestos colgantes sólidos, bien sean de plástico, terracota o cerámica, algunos de ellos con recipientes para almacenar el agua. Aunque su mantenimiento es más fácil, sólo puede plantarse la parte superior.

LAS PLANTAS MÁS ADECUADAS

Las plantas rastreras como *Lobelia*, las petunias, los geranios de hiedra y las fucsias rastreras constituyen la mejor opción, aunque las especies arbustivas con un porte natural laxo, arbustivo, como *Impatiens*, *Laurentia* y *Brachycome*, también resultan adecuadas para los cestos colgantes. Las trepadoras anuales como *Thunbergia alata*, la flor de luna (*Ipomoea*) y los guisantes de olor enanos son también válidos para tales recipientes; ate unos pocos tallos alrededor de los costados y deje que los demás se apoyen en ellos.

CESTOS DE INVIERNO Y PRINCIPIOS DE LA PRIMAVERA

Sólo crecerán sanos en zonas bien protegidas o si se pueden trasladar los cestos a un lugar bajo cubierto cuando el tiempo sea frío. Una vez se hayan pasado

◁ **CUANDO EL PERÍODO DE CRECIMIENTO** *de los cestos de verano es prolongado, es posible conseguir arreglos tan maravillosos como éste. El secreto consiste en empezar pronto y con buenas plantas, mantenerlas bien alimentadas y regadas, y despuntarlas regularmente. Elija especies tradicionales como las fucsias, las petunias y los geranios si desea un arreglo prolífero.*

Δ **SI DESEA UN ARREGLO SOFISTICADO,** *busque un follaje de abundante colorido con flores insinuantes. Este cesto contiene diversos ejemplares de* Coleus, Helichrysum, Heuchera *«Palace Purple» y* Verbena *«Peaches and Cream».*

las flores de verano, vacíe el cesto y vuelva a plantarlo con pensamientos de floración invernal o, si prefiere disponer de plantas más resistentes al mal tiempo, con una mezcla de hiedras, ericáceas de floración invernal, evónimos y santolina; los bulbos enanos como los crocos, los lirios y los narcisos de los prados también servirán. Si espera hasta la primavera podrá plantar *Primula, Viola* o *Polyanthus* en flor, junto a hiedras que actúen como «espalderas» vegetales.

CESTOS CON PLANTAS COMESTIBLES

Una puerta trasera constituye un lugar perfecto para colgar un cesto con hierbas aromáticas o una mezcla de especies para ensalada como la acedera, la verdolaga, los berros americanos, las julianas y las lechugas. O bien existe la posibilidad de optar por variedades compactas y rastreras de tomates, pepinos en miniatura o fresas, siempre y cuando coloque cada una de ellas en un cesto. El riego y el abono son vitales, pero las babosas darán menos problemas que en el caso de las plantas desarrolladas en el suelo, y las cosechas pueden protegerse fácilmente de los pájaros con la ayuda de una red o un vellón de horticultura.

CUIDADO RUTINARIO DE LOS CESTOS

- **Riego: compruebe los cestos colgantes a diario y proporcione suficiente agua para mantener húmedo el sustrato. En verano, cuando la cesta esté llena de raíces, riegue por la mañana y de nuevo por la noche.**
- **Si los cestos de alambre están tan secos que se escapa el agua, levántelos y sumérjalos en un bol con agua durante toda la noche.**
- **Encontrará a su disposición diversos aparatos especiales con poleas que bajan los cestos para facilitar el riego, así como brazos extensibles para mangueras que llegan a los cestos altos.**
- **Abono: un abono regular resulta vital para mantener el crecimiento de las plantas y una prolífera floración en una pequeña cantidad de sustrato. Utilice abono líquido para tomateras con un contenido elevado de potasio una o dos veces a la semana; aplique poca cantidad hasta que las plantas llenen el cesto.**

PLANTACIÓN DE UN CESTO REVESTIDO DE ALAMBRE

1 Coloque un revestimiento de fibra en el interior del cesto y córtelo si sobresale por el borde. Añada un poco de sustrato para macetas mezclado con cristales de gel para retener agua y fertilizante de liberación lenta en grano. Introduzca las plantas pequeñas guiando los cepellones por los lados del recipiente de modo que quede un anillo alrededor del cesto, o bien forre el recipiente con musgo.

2 Llene el cesto hasta el borde con más sustrato, afirmando alrededor de las raíces de la primera hilera de plantas. A continuación, plante una segunda línea alrededor del borde del cesto, empujando las plantas desde el exterior. Elija especies que difieran en forma y color de las anteriores para lograr un arreglo más interesante.

3 Por último, plante la parte central del cesto; puede utilizar más plantas de macizo, elegir trepadoras o, como en este caso, una sola planta grande, que formará un marcado contrapunto con respecto a las plantas de los lados cuando éstas crezcan hasta completar el arreglo. Riéguelo bien y cuélguelo en su posición. Puede hundir en el medio un embudo fabricado con una botella de plástico para facilitar el riego.

Obtención de plantas a partir de semillas

Cultivar plantas propias a partir de semillas es una labor muy satisfactoria y una de las formas más económicas de aumentar la despensa de plantas del jardín. No se requiere un equipo especial (incluso puede utilizar una jardinera de ventana en el interior), pero cuando se aventure más se dará cuenta de que un propagador eléctrico con calefacción situado en el invernadero proporciona las condiciones perfectas para cultivar especies más atractivas o para producir plantas en mayores cantidades.

△ **UNA CAJONERA FRÍA** *es un elemento útil en el invernadero que sirve para aclimatar todo tipo de plantas no resistentes a las heladas durante unas pocas semanas antes de que puedan plantarse en el exterior con seguridad.*

PROPORCIONAR LAS CONDICIONES ADECUADAS

Lea atentamente los requisitos para la germinación de las semillas en el paquete (en el caso de algunas firmas de venta por correo, las instrucciones vienen junto a él). Las semillas varían sobre todo en lo que respecta a la temperatura óptima de germinación; planifique la siembra de forma que las que necesiten un calor similar vayan juntas en el propagador. Algunas semillas como las de las lechugas requieren luz para germinar, en cuyo caso no debe ponerlas en un armario aireado, sino cubrirlas ligeramente con vermiculita en lugar de sustrato para siembra. En otros casos, como en *Primula,* deben mantenerse continuamente húmedas, ya que no serán viables si se secan: una estera capilar húmeda puede resultar de gran ayuda.

Consejos para la siembra

- **No deje nunca que las semillas se sequen antes de sembrarlas; si han germinado parcialmente, esto puede afectar al embrión.**
- **Almacene las semillas en paquetes cerrados en un lugar fresco y seco lejos de la luz directa, y nunca en el invernadero. Doble la parte superior de los paquetes ya empezados y séllelos con cinta adhesiva; después póngalos en un recipiente hermético con un saquito de cristales de gel de sílice y guárdelos en un lugar fresco, como el frigorífico.**

SIEMBRA DE SEMILLAS

Provéase de bandejas y macetas limpias, y de una bolsa fresca de sustrato para siembra. Utilice recipientes de 8 cm para cantidades pequeñas de semillas y bandejas medias para cantidades mayores; las macetas cuadradas son las más adecuadas para el espacio de un propagador. Llénelas con sustrato y a continuación nivele la parte superior con un bloque de madera liso, afirmándola con un prensador. Riegue bien y deje que el agua drene. Si las semillas son muy finas y pulveriformes, expanda una capa delgada de vermiculita sobre la superficie del sustrato y, a continuación, haga lo mismo con las semillas; no es necesario que las cubra. En el caso de las semillas de tamaño medio, como las de

△ **SIEMBRE LAS SEMILLAS** *de forma dispersa sobre la superficie de una bandeja preparada para ello. Las plantitas demasiado apretadas tienden a sucumbir frente a alguna enfermedad fúngica y, en cualquier caso, presentan un crecimiento espigado. Puede mezclarlas con arena blanca primero.*

lechuga o tomate, disemínelas por separado y cúbralas con sustrato para siembra tamizado o vermiculita. Coloque el recipiente en una cajonera de propagación especialmente diseñada para una bandeja estándar. Espacie las semillas de mayor tamaño como las de guisantes y judías dejando 2,5 cm o más entre ellas, y húndalas en el sustrato hasta que queden bien enterradas. Las semillas grandes también se pueden sembrar de forma aislada en pequeñas macetas individuales.

∆ **REPIQUE** *las plantitas cuando sean lo suficientemente grandes para su manejo, pero antes de que crezcan lo bastante como para que se enreden. Colóquelas en bandejas de sustrato fresco, con una separación de unos 2,5 cm, y trasládelas a macetas individuales cuando aparezcan las raíces en la bandeja.*

REPICADO

Cuando las plantitas sean lo suficientemente grandes para poderlas manejar (normalmente cuando aparecen las verdaderas hojas, después del primer par de cotiledones), separe las raíces con la ayuda de un lapicero o un excavador y levántelas cuidadosamente. Maneje las plantas por las hojas, no por el tallo, pues si éste se magulla el ejemplar podría morir. Espacie las plantitas en bandejas con sustrato fresco para siembra a una distancia de 2,5 cm o más, en función de su vigor. Las plantas grandes son las que mejor toleran el traslado a pequeñas macetas individuales en esta fase.

Lleve de nuevo las plantitas recién repicadas al propagador o a otro sitio cálido y cerrado, lejos de la luz directa, y aclimátelas gradualmente a condiciones más frescas.

CULTIVO DE PLANTAS JÓVENES

Una vez las plantitas se hayan establecido en bandejas o pequeñas macetas, colóquelas en las estanterías del invernadero para que se desarrollen hasta que sean lo suficientemente grandes para plantarlas fuera. Si las tiene sobre una estera capilar, humedezca regularmente la estera y los recipientes estarán húmedos sin necesidad de regar en exceso. Transcurridas cuatro semanas, los nutrientes del sustrato original se habrán agotado, de modo que deberá iniciar también el abonado semanal con un fertilizante líquido aplicado con la ayuda de una pequeña regadera. No deje nunca fertilizante en las hojas, porque las plantas jóvenes podrían quemarse, y proteja éstas de las babosas y otras plagas. Asegúrese asimismo una buena ventilación siempre que sea posible para evitar la propagación de enfermedades fúngicas. La iluminación debe ser también la adecuada, aunque nunca una luz directa y fuerte.

ACLIMATACIÓN

Antes de plantar en el exterior, todas las plantas –no sólo las más sensibles– requieren un período de aclimatación que les permita adaptarse de forma gradual a las bajas temperaturas y a las fluctuantes condiciones. Para ello, deje las plantas fuera cuando el tiempo sea bueno, y éntrelas por la noche para dejarlas posteriormente en el exterior cuando los días sean más frescos, hasta que, transcurridas unas dos o tres semanas, ya estén preparadas para plantarlas fuera. Si dispone de una cajonera fría, traslade las plantas desde el invernadero, y deje éste cerrado al principio. Empiece a abrirlo cuando el día sea bueno hasta que se pueda dejar abierto todo el tiempo. Empiece a aclimatar las especies de macizo que no toleran las heladas y las hortalizas como el maíz tres semanas antes de la última helada, y no las plante en el exterior hasta después de esta fecha.

∇ **LAS PLANTITAS DE** *las anuales resistentes y algunas hortalizas como la lechuga y la col pueden plantarse a mediados de la primavera si se cultivan en una cajonera fría sin calefactor.*

Propagación mediante esquejes

Enraizar esquejes constituye la forma más rápida de aumentar el número de plantas del jardín, siempre que disponga de los ejemplares adecuados. Utilice este método para incrementar las existencias de sus plantas preferidas, enraizar vivaces tiernas para que pasen el invierno y obtener plantas nuevas a partir de las de los jardines de sus amigos.

△ **COLOQUE UNA BOTELLA** *de plástico o una bolsa sobre la planta para mantener la humedad alrededor de los esquejes, a menos que se trate de plantas suculentas, vellosas o con hojas plateadas, que prefieren un aire seco.*

ESQUEJES TIERNOS

Este tipo de esqueje puede obtenerse en cualquier época, siempre que la planta esté en la estación de crecimiento, a partir de los extremos tiernos de los brotes nuevos. Es preferible tomarlos al principio de la estación de desarrollo, es decir, a principios del verano, cuando los brotes nuevos son jóvenes, aunque también se puede hacer a finales de la estación para propagar las vivaces semirresistentes que pasarán el invierno como esquejes enraizados.

ESQUEJES DE TALLO JOVEN SEMIMADUROS

Conocidos a menudo como esquejes de talón, se obtienen al doblar o desgarrar un brote lateral joven de la planta progenitora, que con frecuencia deja un «talón» pequeño en la base del esqueje. Esta base presenta cierta cantidad de tejido ligeramente leñoso, de color más oscuro que el del tejido tierno del extremo. Limpie la base con la ayuda de una navaja afilada, elimine la piel rasgada y corte por debajo de un nudo foliar en la base del tallo, dejando el tejido leñoso intacto. A unos 10 cm de éste, corte el extremo del brote justo por encima de un nudo foliar. Tome esquejes semimaduros desde mediados del verano en adelante, cuando las plantas han tenido tiempo de desarrollar brotes laterales.

△ **LOS ESQUEJES LEÑOSOS** *de tallo maduro no requieren una preparación especial, simplemente introduzca los esquejes ya listos en una zanja estrecha, obtenida presionando una pala hacia afuera y en la que se haya mezclado abundante materia orgánica. Afirme a cada lado de la hilera.*

ESQUEJES BASALES

Normalmente se utilizan para la propagación de plantas herbáceas en primavera. Cuando aparezcan nuevos brotes en la corona de la planta, espere hasta que tengan unos pocos centímetros de altura y a continuación corte brotes de 7,5-10 cm. Por lo general, la base

◁ **PARA OBTENER UN ESQUEJE TIERNO,** *corte 10 cm del extremo de un brote joven y elimine las hojas inferiores justo por debajo de un nudo foliar con la ayuda de una navaja afilada. Entierre el extremo cortado en hormona de enraizamiento en polvo; a continuación, inserte los esquejes en una maceta con sustrato para siembra y riegue.*

Δ **LA SALVIA DE JERUSALÉN** (Phlomis fruticosa) *enraiza con facilidad a partir de cualquier tipo de esqueje; si desea resultados más rápidos, tome esquejes tiernos a mediados del verano y enráicelas en una jardinera de ventana a la sombra.*

de los esquejes es de un color pálido si se ha mantenido el tallo apartado de la luz mediante un acolchado o por los brotes vecinos o tallos que quedan del año anterior. A continuación, trátelos como en el caso de los esquejes tiernos. Algunas veces, es posible separar brotes enteros de la planta progenitora con unas pocas raíces pequeñas casi formadas; conocidos como esquejes «Irishman», pueden trasladarse a macetas, pero deben tratarse como esquejes hasta que hayan enraizado bien.

ESQUEJES FOLIARES

Las hojas de algunas plantas sin tallo, entre ellas la violeta africana, *Begonia rex* y *Streptocarpus*, pueden enraizarse. Escoja una hoja entera, con el pecíolo foliar, y procure que sea joven pero ya totalmente desarrollada. Introduzca el pecíolo foliar en una maceta con sustrato para siembra hasta que la hoja quede en la parte superior. Una vez enraizado, se formará un grupo de plantas jóvenes en la base de la hoja. Cuando tenga una altura de unos 2,5 cm, retírelo de la maceta, divídalo y plántelo en maceta. Las hojas de *Begonia rex* también pueden colocarse planas en una bandeja con sustrato con las nerviaciones hacia abajo y seccionadas por diversos puntos, por los que se clavará a la tierra. Si mantiene la humedad, se formará una planta joven en cada corte.

ESQUEJES LEÑOSOS DE TALLO MADURO

Utilícelos a finales del otoño para propagar arbustos como el rosal, el sauce, *Philadelphus, Weigela* y el cornejo. Corte brotes leñosos de la base del crecimiento en curso, por debajo de un nudo foliar (sólo será visible la marca) y elimine el extremo hasta dejar los esquejes con 20-30 cm de longitud. Sumerja la base en una hormona de enraizamiento en polvo especialmente apta para ello. Cave una zanja estrecha en una zona bien cultivada pero vacía del jardín (por ejemplo, en un rincón del huerto), y si el suelo es pesado, añada unos 2,5 cm de arena. Inserte los esquejes verticalmente con una separación de 30 cm entre ellos, y afirme el suelo cerrando la zanja; a continuación, riegue. Deje transcurrir un año antes de moverlos para que enraicen bien.

PLANTAS PARA PROPAGAR POR ESQUEJES

Las mejores plantas para la obtención de esquejes son los tipos tiernos y con abundantes ramas, que enraizan fácilmente. Los arbustos como la magnolia y los rododendros rara vez enraizan bien a partir de esquejes, y requieren un equipo especializado. Los árboles, incluidos los frutales, así como los bulbos, los helechos y las hierbas se propagan mediante otros métodos, y los esquejes no funcionan con ellos. El tipo de esqueje utilizado dependerá de la época del año y del tipo de planta a propagar.

ESQUEJES TIERNOS: vivaces semirresistentes como el geranio, la fucsia, *Osteospermum* y *Felicia*; se toman durante la estación de desarrollo.

ESQUEJES SEMIMADUROS DE TALLO JOVEN: arbustos como el boj, matas perennifolias como el romero y los puntales tiernos; se toman a finales del verano.

ESQUEJES LEÑOSOS DE TALLO MADURO: rosales y arbustos que enraizan con facilidad, como *Philadelphus*, *Cornus* y *Ribes*; se toman entre finales del otoño y principios del invierno.

Otros medios de propagación

Existen diversas formas de propagar plantas además de mediante semillas y esquejes. Las plantas que forman matas se propagan mejor mediante división, y se obtienen directamente varias plantas nuevas. Las especies que producen de forma natural vástagos o estolones desarrollan sus propios «hijos» enraizados, que sólo se deberán plantar cuando sean lo suficientemente grandes para su traslado. Y en el caso de las plantas difíciles de enraizar a partir de esquejes, el acodo es la alternativa más sencilla.

DIVISIÓN

Dividir las matas es la forma más rápida de propagar plantas como las gramíneas, el bambú, vivaces herbáceas como *Hosta* y el resistente geranio, además de algunas especies de interior como el helecho culantrillo de pozo. La época más segura para dividir la mayoría de las especies es la primavera, al principio de la estación de crecimiento, cuando las nuevas plantas empiezan a crecer. Sin embargo, las vivaces resistentes como los septiembres (*Aster*) pueden dividirse en otoño, mientras que con los lirios barbados deberá hacerlo seis semanas después de la floración.

Para dividirlas, golpee ligeramente la maceta contra una superficie dura o desentiérrela si está plantada en el suelo del jardín; separe las plantas en grupos más pequeños, a mano en el caso de las raíces o con la ayuda de una navaja o una pala. Descarte el material leñoso viejo del centro de la mata y vuelva a plantar las divisiones jóvenes sanas, después de mejorar el suelo en el que se desarrollan con materia orgánica y fertilizante.

△ **LOS GERANIOS RESISTENTES** *como este* Geranium *«Johnson's Blue» se propagan con facilidad si desentierra y divide la planta original a principios de la primavera.*

VÁSTAGOS

Las plantas como *Aloe, Bromelia* y el agave suelen rodear los ejemplares maduros con pequeñas réplicas de los mismos que se desarrollan a partir de brotes subterráneos o axilas foliares. Cuando los vástagos son reconocibles como plantas jóvenes independientes, con su propio follaje desarrollado, la mejor manera de extraerlos es desenterrar la planta o extraerla de la maceta y separarlos cuidadosamente con los dedos, tomando tantas raíces como sea posible; a continuación, trasládelos a una maceta. Algunas plantas, como *Tolmiea*, producen vástagos a partir de las hojas de la planta adulta; en este caso, espere hasta que desarrollen raíces de forma natural y luego plante o doble una hoja hacia una maceta llena de sustrato mientras todavía esté unida a la planta original; sepárela cuando esté bien enraizada.

ESTOLONES

Algunas plantas como los frambuesos producen estolones con la apariencia de tallos horizontales en cuyos extremos se desarrollan pequeños ejemplares. Estos enraizan de forma natural donde se depositan, y con el tiempo forman una gran estera alrededor de la planta original. Los estolones individuales enraizados pueden desprenderse y trasplantarse; sin embargo, en el caso de los fresales, es preferible colocar macetas con sustrato de siembra junto a las plantas originales y doblar los estolones en ellas con ayuda de horquillas de alambre, de modo que las jóvenes plantas enraicen en las macetas. Cuando estén bien enraizadas, sepárelas de la madre y cultívelas por separado hasta que sean lo suficientemente grandes para plantarlas.

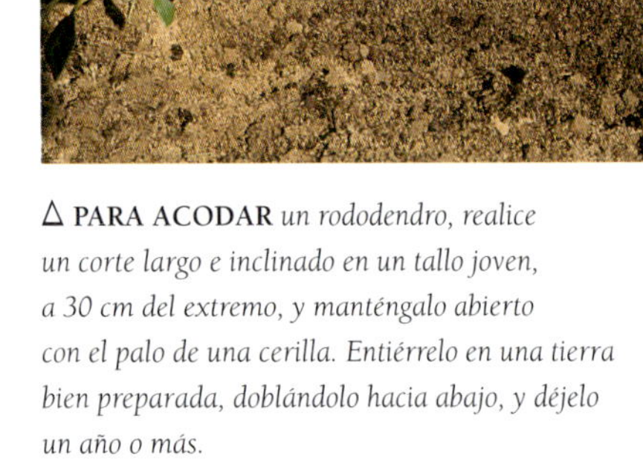

△ **PARA ACODAR** *un rododendro, realice un corte largo e inclinado en un tallo joven, a 30 cm del extremo, y manténgalo abierto con el palo de una cerilla. Entiérrelo en una tierra bien preparada, doblándolo hacia abajo, y déjelo un año o más.*

△ **LA MAYORÍA DE LAS PLANTAS HERBÁCEAS** *se extienden lentamente para formar matas, pero transcurridos entre tres y cinco años empiezan a marchitarse por el medio. Entonces deberá desenterrarlas, dividirlas y volver a plantar sólo los fragmentos más jóvenes.*

ACODO

Es el mejor medio de propagar *Camellia, Rhododendron, Magnolia* y otras plantas similares que no enraizan bien a partir de esquejes. Puede llevarse a cabo en cualquier época excepto en invierno, aunque la primavera es la mejor estación. Elija una rama joven y flexible que pueda arrancarse o doblarse hacia el suelo, y prepare el suelo donde vaya a tocar con arena y materia orgánica bien descompuesta. Realice un corte largo y sesgado hacia el extremo del brote, hasta una tercera parte de la longitud del tallo, en un punto conveniente del extremo inferior, y mantenga el corte abierto con el palo de una cerilla. Espolvoree con hormona de enraizamiento y entiérrelo a 5-7,5 cm en el suelo previamente acondicionado. Manténgalo firme con la ayuda de dos fuertes horquillas de alambre, una a cada lado del corte o mediante una piedra grande, y ate el extremo del vástago a una caña para guiarlo verticalmente. Espere al menos un año para que el nuevo desarrollo se haya fortalecido y la planta resista cuando se tire de ella, lo que indicará que está bien enraizada. A continuación desentiérrela y vuelva a plantarla donde desee.

ACODO AÉREO

Esta técnica se utiliza principalmente en plantas de interior de difícil enraizamiento como *Ficus*. Utilice la cantidad de compost que necesitaría para una maceta de 10-15 cm. Realice un corte sesgado en parte del tallo, manténgalo abierto y trátelo con polvo de enraizamiento, como en el acodo exterior. En el caso del acodo aéreo, se ve fácilmente si el brote ha enraizado porque las raíces se desarrollarán por el extremo del plástico. Cuando esto ocurra, corte justo por debajo de las raíces y traslade la joven planta a una maceta. En ocasiones se recomienda el acodo aéreo para arbustos de exterior, pero en realidad no resulta práctico, porque el compost se seca con demasiada rapidez y puede calentarse o congelarse, según el tiempo.

▷ **LOS FRESALES** *producen estolones que enraizan de modo natural en el suelo. Dóblelos hacia macetas de sustrato y sepárelos cuando estén bien enraizados.*

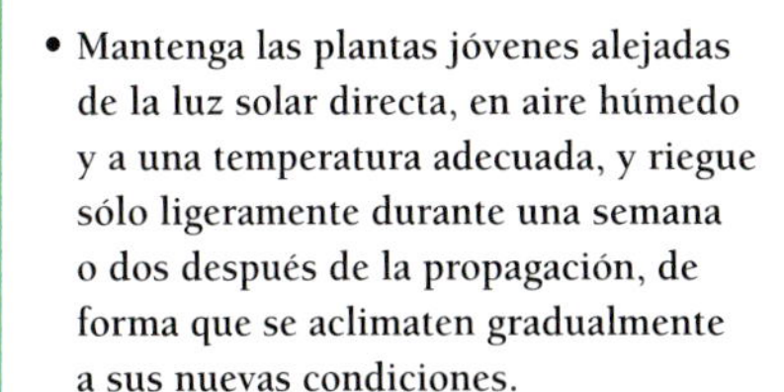

Cuidado de las nuevas plantas

- **Mantenga las plantas jóvenes alejadas de la luz solar directa, en aire húmedo y a una temperatura adecuada, y riegue sólo ligeramente durante una semana o dos después de la propagación, de forma que se aclimaten gradualmente a sus nuevas condiciones.**
- **Pellizque los extremos en desarrollo de las plantas jóvenes cuando las plante para favorecer el crecimiento arbustivo.**
- **Empiece a abonar las plantas recién propagadas de cuatro a seis semanas después de la plantación, ya que para entonces los nutrientes se habrán agotado.**

Herramientas para la poda

Podar, recortar y guiar no sólo constituyen tareas esenciales para mantener un jardín en buenas condiciones, sino que además se encuentran entre los aspectos más creativos de la jardinería, ya que ofrecen la oportunidad de controlar el crecimiento y determinar el tamaño, la forma y el porte de cada arbusto. Es de vital importancia disponer de las herramientas adecuadas, así como mantenerlas afiladas y en buenas condiciones. Las podaderas son herramientas básicas para la poda, pero para los demás trabajos de recorte podrá elegir entre un equipo más especializado.

△ **COMPRE CIZALLAS DE JARDINERO** *de buena calidad y mantenga las cuchillas limpias y afiladas para que corten limpiamente sin desgarrar el material.*

ELECCIÓN DE LAS HERRAMIENTAS DE PODA ADECUADAS

Las podaderas se encuentran disponibles en diferentes tamaños y pesos, de modo que es preferible probarlas antes de decidirse por unas. Si es posible, corte con ellas unas ramas para comprobar si son de fácil manejo y que el resorte no sea demasiado potente para su muñeca, pues un peso excesivo dificultará el trabajo prolongado. Algunas podaderas están especialmente diseñadas para su utilización con la mano izquierda. Elija un modelo que resulte apropiado para el tipo de poda que requiere su jardín (no es necesario comprar unas pesadas podaderas o unas de mango largo si sólo dispone de unos pocos árboles pequeños) y cómprelas de la mejor calidad que pueda, ya que las buenas herramientas duran más y trabajan mejor.

LAS PODADERAS

Las podaderas son herramientas para podar y cortar tallos leñosos de hasta 1 cm de diámetro, y pueden ser de dos clases. Las podaderas de paso tienen dos cuchillas opuestas, parecidas a las de las cizallas, que resbalan una sobre la otra; a menudo se ha de recurrir a ellas para cortes precisos. Las podaderas de yunque tienen una cuchilla que corta contra una hoja plana, de forma parecida al modo en que se rebana la comida. Esta acción puede causar un ligero quebrantamiento o magulladura en el tallo de la planta, que deberá descartar al tomar esquejes para su propagación, por ejemplo. Sin embargo, cuando están viejas o ligeramente desafiladas, proporcionan un corte más limpio que las podaderas de paso en las mismas condiciones. Una versión dentada de las podaderas de yunque facilita la tarea a personas con manos débiles o con artritis.

◁ **UN SERRUCHO PARA PODAR PLEGABLE** (superior) *no es mucho mayor que las podaderas (de yunque,* inferior; *de paso,* izquierda), *pero sirve para podar ramas de los árboles. Las herramientas con mangos de colores brillantes no son tan fáciles de perder cuando caen.*

LAS PODADERAS DE MANGO LARGO

Existe la posibilidad de elegir entre herramientas de mango largo de diversos modelos para llevar a cabo la poda de ramas gruesas o de difícil acceso. Se parecen a las recortadoras, pero cuentan con cuchillas de podar que se deslizan entre ramas de 5 cm o más de diámetro. Algunos fabricantes proporcionan extensiones de mango largo a los serruchos y podaderas especialmente adaptadas para tratar árboles altos sin necesidad de utilizar una escalera; también se pueden utilizar los mismos mangos con una red para recoger fruta.

LAS TIJERAS DE MANO

A medio camino entre las cizallas y las podaderas, las tijeras de mano se utilizan para tareas poco pesadas, tales como despuntar y cortar flores, si no desea hacerlo manualmente. También pueden servir para cortar y arreglar plantas con las que no resulta apropiado utilizar podaderas, como las plantas de hojas grandes que se recortan ornamentalmente como el laurel (*Laurus nobilis*), pues las podaderas cortarían las hojas por la mitad.

Los recogedores de flores son una variante de las tijeras de mano en la que una cuchilla secundaria recoge el tallo de la flor después de cortarla: de esta forma se consigue evitar que el material caiga al suelo.

◁ LOS ARBUSTOS RECORTADOS, *como estos laureles en arbolito cultivados en macetas, dan lugar a bellas estructuras. Pode ligeramente varias veces durante la estación de crecimiento para conservar su forma.*

EL SERRUCHO PARA PODAR

Son sierras especiales con cuchillas estrechas, perfectas para entrar y salir a través de los espacios angostos que quedan entre las ramas. Los dientes gruesos facilitan el trabajo de serrar la madera tierna mejor que la sierra finamente dentada de carpintería. También encontrará serruchos pequeños y plegables. Utilice un serrucho para las ramas que sean demasiado gruesas para cortarlas con las podaderas; también le servirá para cortar material de un grosor de varios centímetros, así como para los vástagos o árboles pequeños.

LAS CIZALLAS DE JARDINERO

Se utilizan para diversos trabajos de recorte: pequeños fragmentos de setos como los del boj enano, formas de recorte ornamental y despunte de arbustos como el brezo y la lavanda después de la floración. Las cizallas estándar para setos son las más adecuadas para uso general, pero las de un solo mango –que sólo requieren de una mano– son de gran utilidad para pequeñas zonas de poda fina y para despuntar los setos de flor enanos.

▽ LAS CIZALLAS ESTÁNDAR O LAS DE UN SOLO MANGO *resultan ideales para un recorte ornamental de precisión como el de este boj en espiral.*

EMPLEO DE LAS PODADERAS

- **Sostenga firmemente las podaderas normales o las de mango largo con la cuchilla más larga hacia arriba, y en un ángulo de 90º con respecto al tallo que vaya a cortar o, en el caso de plantas que presenten yemas de crecimiento alternas, en un ángulo más inclinado.**
- **Utilícelas como cizallas para lograr un corte más limpio.**
- **No retuerza las podaderas de lado a lado ni tire si el tallo es grueso, ya que sólo logrará desgarrar las fibras de aquél, lo que dificultará el corte y dañará la planta.**
- **En su lugar, doble ligeramente la rama hacia abajo, lejos de las cuchillas, para abrir un poco el corte, lo que facilitará el deslizamiento a su través.**

CUIDADO DE LAS HERRAMIENTAS

- **Limpie las cuchillas con un paño húmedo y un poco de detergente líquido después de utilizar la herramienta para eliminar la savia, que deja las superficies pegajosas, si desea obtener un buen corte en la próxima ocasión.**
- **Deje las podaderas con las cuchillas abiertas para que se sequen bien antes de guardarlas.**
- **Limpie las cuchillas con un trapo aceitoso antes de guardarlas por un período prolongado, y guárdelas en un lugar seco para evitar la herrumbre.**
- **Algunas podaderas se desmontan para afilarlas; en otras, se utiliza una piedra afiladora grande y estrecha. Afílelas regularmente para evitar desgarrar la corteza o dañar los tejidos de las plantas.**

▷ LAS PODADERAS DE MANGO LARGO *suponen una ayuda adicional cuando se trata de recortar ramas gruesas.*

¿Por qué podar?

La poda es la tarea de jardinería que causa más preocupación a los que se inician en este campo, a pesar de que no es complicada. De hecho, muchas plantas requieren una poda escasa o irregular, e incluso con frecuencia una poda mínima proporciona buenos resultados. La mejor manera de aprender es mediante una demostración práctica por parte de otro jardinero, pero si sigue las instrucciones que encontrará en este libro estará cerca de alcanzar el éxito.

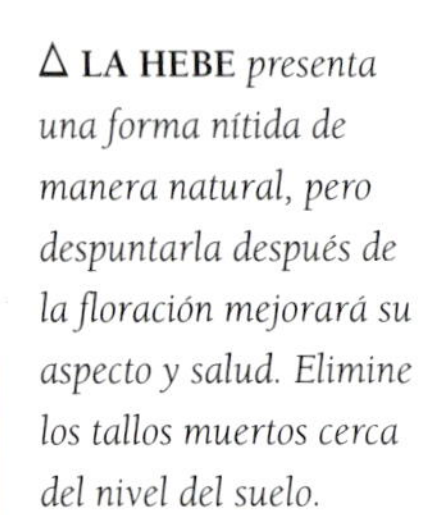

△ **LA HEBE** *presenta una forma nítida de manera natural, pero despuntarla después de la floración mejorará su aspecto y salud. Elimine los tallos muertos cerca del nivel del suelo.*

PODA DE ARBUSTOS

La poda de formación (por ejemplo de un arbolito o una forma de arbusto) debe realizarse en el vivero antes de comprar la planta, de modo que después sólo tenga que podar para mantener la forma o, en algunos casos, para controlar el tamaño del arbusto. Como regla general, los arbustos que florecen en la primera mitad del verano deben podarse inmediatamente después de la floración, mientras que los que florecen más tarde deberán podarse a principios de la primavera, justo antes de que broten las yemas.

▷ **PARA REJUVENECER Y CONTROLAR** *una expansiva* Buddleja, *realice una poda severa de hasta un tercio o la mitad a finales del verano, tras la floración, y después hasta aproximadamente 1 m desde el suelo a mediados de la primavera.*

- Elimine los brotes dañados, muertos o enfermos tan pronto como aparezcan, para mantener la salud de la planta.
- Pode los brotes totalmente verdes (revertidos) de plantas variegadas cuando aparezcan.
- Recorte los brotes excesivamente largos y aclare los enmarañados para mejorar la forma de la planta mientras se encuentre en período de latencia, en invierno o a principios de la primavera.
- Las plantas que se benefician de la poda anual son mayoritariamente vigorosos arbustos de floración primaveral como *Philadelphus, Forsythia* y *Ribes*: corte los tallos de flor hasta la unión con un brote joven y fuerte. Los rosales arbustivos modernos requieren una poda severa en primavera.

Dar forma a las plantas jóvenes

Para obtener una forma densa y equilibrada elimine el extremo en desarrollo hasta unos 10 cm por encima de la superficie de la maceta cuando plante esquejes enraizados. Esto se denomina despunte y favorece que el brote forme ramas en lugar de crecer recto y desarrollar una planta espigada. Cuando los brotes alcancen una longitud de 5-7,5 cm, elimine los extremos realizando un segundo despuntado. Utilice esta técnica para cultivar sus propios geranios, fucsias y arbustos matosos.

Rejuvenecer plantas viejas o excesivamente desarrolladas

Algunos arbustos que se han desarrollado en exceso, como los rododendros, las camelias y los eucaliptos, responden bien si se recortan a 30-60 cm por encima del nivel del suelo a mediados de la primavera; los fuertes brotes resultantes se deben aclarar a continuación para obtener una planta arbustiva con buena forma. Las plantas rejuvenecidas de ésta tardarán un año o dos en florecer. En el caso de la mayoría de los arbustos es preferible

◁ **LA MAYORÍA** *de los arbustos de jardín más conocidos no necesitan una poda regular, excepto para arreglar las ramas que no presentan forma alguna, controlar su tamaño si es necesario o eliminar los tallos revertidos de los cultivares variegados.*

rejuvenecerlos de forma gradual y eliminar cada año, a mediados de la primavera, una o dos de las ramas más viejas (reconocibles por su corteza de color más oscuro o agrietada) justo por encima del nivel del suelo.

Guiar un arbolito

Empiece con un esqueje enraizado y, en lugar de eliminar el extremo en desarrollo como sería lo normal, deberá atarlo a una caña insertada en la maceta. Elimine los brotes laterales cuando la planta se desarrolle. Una vez el tallo alcance la altura deseada, extraiga el extremo en crecimiento y deje tres o cinco brotes laterales para que se desarrollen inmediatamente por debajo. Cuando alcancen una longitud de 5 cm, recorte los extremos en crecimiento. Repita esto varias veces mientras aparezcan nuevos brotes laterales para formar una cabeza densa y arbustiva por encima de un tallo bien definido. Utilice esta técnica para las fucsias, el laurel, el romero, *Ribes* y otras plantas adecuadas tanto si las cultiva en maceta como en tierra.

PODAR TREPADORAS

Las trepadoras que se desarrollan a través de los árboles de modo espontáneo raramente necesitan una poda. En el caso de trepadoras como la madreselva y el jazmín, cultivadas contra muros y espalderas, ate los tallos principales para espaciarlas sobre la zona y formar un esqueleto. Los brotes laterales portarán las flores del año en curso y si se desarrollan en exceso es preferible una poda severa, suficiente para mantener arreglada la planta, a mediados de la primavera. Rejuvenezca las trepadoras con la parte superior densa y la inferior desnuda cortando hasta 30 cm por encima del nivel del suelo a mediados de la primavera, y guíe el desarrollo nuevo por la pared, pero no espere disponer de flores durante el primer año después de semejante poda. (En las páginas siguientes encontrará más detalles para la poda de clemátides, *Wisteria* –glicina–, *Hydrangea* y los rosales.)

Utilidad de la poda

La finalidad de la poda consiste en ayudar a las plantas a florecer o fructificar de modo más productivo, así como a controlar su forma y tamaño. Sin la poda, sí obtendría algunas flores o frutos, pero las plantas no alcanzarían todo su potencial. Los ejemplares jóvenes también deben podarse para formar un arbusto o un árbol con buena apariencia desde el principio. En el caso de las plantas maduras, la poda se utiliza para reducir su tamaño, mejorar su forma o rejuvenecer los especímenes desarrollados en exceso. La eliminación de las partes viejas favorece el desarrollo joven productivo y, al reducir el volumen total de ramas, los frutos o las flores que quedan serán de mayor tamaño. Además, puede mejorar la coloración, puesto que el «aclarado» permite que llegue mayor cantidad de luz y aire a la planta.

△ **UNA VEZ HAYA CONSEGUIDO** *la forma básica de una fucsia en arbolito, pode sólo para recortar la copa reduciéndola en dos tercios, después de la caída de las hojas.*

Requisitos especiales para la poda

Ciertos grupos de arbustos caducifolios de flor y trepadoras requieren una poda regular para mejorar su apariencia, y entre ellos se encuentran algunas de las plantas más populares del jardín: los rosales, las clemátides, Wisteria *(la glicina) e* Hydrangea *(la hortensia). Sin la poda, las flores de estas plantas se perderían entre el excesivo desarrollo foliar, o quizá quedarían situadas a una altura tan elevada que sólo podría apreciarlas con una escalera. Por el contrario, si se podan, podrá controlarse su tamaño al tiempo que se favorece la libre floración.*

△ **PODE LOS HÍBRIDOS DE LAS CLEMÁTIDES** *entre finales de invierno y principios de la primavera, cortando los tallos cerca del nivel del suelo. Utilice también este método para rejuvenecer las especies que presentan un desarrollo frondoso, como* C. montana.

PODA DE ROSALES

Si no se podan, los rosales se hacen altos y leñosos y el número de flores se reduce y queda en la parte superior de la planta, donde no podrá disfrutar de ellas.

- Pode los **rosales matosos modernos** a mediados de la primavera, tras las heladas más fuertes. Recorte las plantas hasta 30-45 cm por encima del nivel del suelo; realice una poda menos severa en los tallos fuertes que en los débiles porque este tipo de poda los fortalece.
- Pode los **rosales arbustivos** y los clásicos después de la floración; elimine las cabezuelas muertas junto con unos 20 cm del tallo.
- No pode los **rosales arbustivos** que presenten buenos escaramujos, ya que de lo contrario se detendrá la producción.
- Pode los **rosales trepadores** cuando haya terminado la floración (algunas variedades florecen dos veces en verano; otras sólo una); recorte los brotes laterales a 8-10 cm del esqueleto principal formado por las ramas guiadas por el muro. 
- Recorte las ramas principales de los **rosales trepadores** para mantenerlos en la zona requerida.
- Pode los de **hábito rastrero** tras la floración para cortar los tallos de flor hasta la unión con un brote nuevo fuerte. Esto conlleva una sustitución de los tallos que llevarán las flores al año siguiente.
- Elimine totalmente los tallos débiles, enfermos o enmarañados.

PODA DE *CLEMATIS* (CLEMÁTIDES)

Si no se poda, *Clematis* crecerá hasta hacerse demasiado grande y enredada, con las bases de los tallos desnudas; las

◁ **LOS ROSALES TREPADORES Y LOS RASTREROS** *ofrecen una apariencia soberbia guiados sobre una pérgola. La poda anual asegura el vigor y la abundancia de flores.*

▷ **WISTERIA Y CLEMATIS** *producen unos prolíficos arreglos florales cuando se podan correctamente; en caso contrario, presentarán un aspecto descuidado e incluso, en el caso de* Wisteria, *desagradable.*

flores de algunas variedades crecen tan altas que no es posible admirarlas. Dado que las necesidades de poda de *Clematis* cambian de una variedad a otra, deberá guardar siempre la etiqueta del vivero o copiar las características en el reverso de ésta para obtener una referencia fácil. Si no dispone de la etiqueta, consulte un libro especializado antes de podar con el fin de asegurarse de que realiza el trabajo correcto.

• Pode las variedades híbridas de *Clematis* que florezcan en el extremo de los brotes (la floración se realiza desde mediados hasta finales del verano) a finales del invierno o muy al principio de la primavera: corte hasta un par de yemas nuevas cerca del nivel del suelo.

• En el caso de otras variedades híbridas, que florecen sobre brotes laterales cortos del año en curso, es preferible no podar (son variedades que inician la floración a principios del verano). Si se desarrollan en exceso, realice una poda severa a principios de la primavera; todavía florecerán, pero más tarde.

• Algunas especies de *Clematis*, como *C. montana*, por lo general no requieren poda: si el desarrollo es excesivo, pode severamente a principios de la primavera y guíe los nuevos tallos.

PODA DE *WISTERIA* (GLICINA)

Si no se podan, las glicinas desarrollan enormes y dispersas enredaderas, soportadas por vigorosos tallos retorcidos, producidos a expensas de las flores.

• Empiece guiando un esqueleto formado por los tallos principales sobre la zona que se ha de cubrir y, a continuación, átelos.

• Cada año, a mediados de verano, pode los brotes nuevos (son de coloración verde, en contraste con la corteza marronosa de los brotes más viejos) hasta dejar unos 15-20 cm desde los tallos principales.

• A mediados del invierno, examine las plantas de nuevo y corte unos 2,5 cm de los brotes laterales que crecen en estas cepas a finales del verano. Con ello favorecerá la formación de «espolones» a partir de los cuales se desarrollarán las flores.

PODA DE *HYDRANGEA* (HORTENSIA)

No debe despuntar estos arbustos tras la floración; si deja las cabezas durante todo el invierno, actuarán como sombreros y protegerán del frío a los brotes jóvenes que se encuentren debajo.

• Pode las hortensias a mediados de la primavera justo por encima de un brote joven para eliminar las inflorescencias muertas y unos cuantos centímetros del tallo.

• No pode la cabezuela de flores excesivamente ni elimine los brotes con una yema verde aplanada en el extremo, ya que se trata de tallos que florecerán en la estación en curso.

• En el caso de las variedades de *Hydrangea paniculata*, sin embargo, puede realizar una poda severa para favorecer el desarrollo de nuevos brotes desde la base.

▷ **RESISTA** *la tentación de despuntar las hortensias tras la floración o de podar excesivamente en primavera: si lo hace, estropeará la floración del año siguiente.*

PODA CORRECTA

❍ **Utilice unas podaderas afiladas para realizar un corte limpio; recorte siempre por encima de un nudo foliar o una yema de crecimiento si desea favorecer el desarrollo del siguiente brote.**

❍ **En plantas como los rosales, con yemas alternas, realice un corte sesgado, ligeramente inclinado, alejado de la yema.**

❍ **Pode por encima de una yema que esté en la dirección en la que desee que se desarrolle el brote nuevo. Corte hasta las yemas que miran hacia afuera para obtener un arbusto denso con un hábito más abierto, y hágalo hasta una yema que mire hacia arriba si desea que una planta de hábito caído crezca más erguida.**

❍ **En las plantas que presentan yemas opuestas, como *Hydrangea*, realice un corte recto justo por encima de un par fuerte de yemas o vástagos, teniendo cuidado de no dañarlas. Para favorecer el desarrollo en una sola dirección, elimine las yemas o brotes que no desea después de realizar el corte.**

❍ **Retrase la poda unas semanas si persiste el clima frío en primavera, ya que aquélla favorece la producción de vigorosos brotes nuevos de desarrollo tierno que podrían morir con las últimas heladas.**

❍ **Cuando *Clematis*, *Wisteria* o los rosales trepadores crecen de modo informal, entre árboles, no es necesario podarlos.**

Tratamiento de las plagas y las enfermedades

Gorgojo de la vid

El jardín alberga una extensa variedad de insectos, la mayoría de los cuales constituyen un verdadero problema para el jardinero. Sólo un pequeño número de especies resultan útiles para las plantas y, cuando no se utilizan productos químicos de forma indiscriminada, suelen verse controladas de forma natural por beneficiosos depredadores. Para reducir el riesgo de ataque de plagas y enfermedades, adquiera plantas sanas y practique una buena higiene en el jardín. Si es necesario, utilice insecticidas o sustancias químicas para controlar las enfermedades, pero trate sólo las plantas afectadas y tome precauciones para evitar dañar a criaturas beneficiosas como las abejas.

IDENTIFICAR LAS PLAGAS DEL JARDÍN

Un amplio abanico de insectos y otras plagas pueden atacar a las plantas del jardín, haciendo que las especies ornamentales tengan un aspecto poco atractivo y las cosechas comestibles, un gusto desagradable. Las plagas también pueden afectar la vida de las plantas al debilitarlas o propagar enfermedades víricas. Puesto que es mucho más fácil mantener las plantas libres de plagas que devolverlas al vivero para su curación después de haber sufrido un daño importante, merece la pena aprender a reconocer sus enemigos más comunes y controlar su presencia regularmente.

A continuación encontrará una descripción de los insectos y otras plagas que atacan regularmente a las plantas de jardín. En las páginas siguientes se explican con más detalle los diversos métodos de control.

Pulgones (áfidos): son pequeños insectos ápteros de color rosa, crema, verde o marrón, que pueden hallarse en los extremos de los brotes y yemas y en el reverso de las hojas, tanto en el exterior como en el invernadero. Contrólelos manualmente lavando las hojas o las puntas, o rociando con un aficida específico. Exiten muchos depredadores naturales que controlan los áfidos, entre ellos los crisopos y las mariquitas.

Gorgojo de la vid: los adultos son escarabajos marrones de 1 cm de longitud cuyas prominentes bocas producen muescas onduladas alrededor de los extremos de las hojas de especies perennes como el rododendro; las larvas son gruesas, de color blanco, en forma de «C», y viven en el suelo alimentándose de las raíces de *Cyclamen*, *Primula* y otras plantas, tanto en macetas como en arriates. Contrólelas manualmente o con la ayuda de nematodos como depredadores naturales.

◁ **TODOS LOS PULGONES** *son hembras y producen vigorosos descendientes, listos para alimentarse rápidamente y, en pocos días, para tener de nuevo descendencia.*

Mosca blanca de la col: tienen la apariencia de pequeños insectos blancos y se parecen a la mosca blanca del invernadero pero viven en el exterior sobre las hojas de la col y otras plantas de la misma familia. Son bastante resistentes a las sustancias químicas, de modo que la mejor opción es cubrir las plantas con vellón.

Babosas: constituyen una plaga familiar que se alimenta de los tejidos blandos de la planta, dejando a su paso característicos agujeros. Con frecuencia se pueden atrapar a mano con la ayuda de una linterna por la noche, pero durante el día se ocultan en lugares oscuros y frescos para evitar secarse. Lo más efectivo, aunque resulta caro, es el control biológico mediante nematodos. Riegue todos los rincones del suelo durante los meses cálidos, en especial alrededor de las plantas de mayor riesgo, como *Hosta*. Utilice

Cochinillas de la humedad

Escarabajo del lirio

gránulos para babosas y escóndalos debajo de las macetas para proteger a los pájaros y a los animales domésticos.

Caracoles: causan un daño similar al de las babosas, pero trepan por tallos leñosos y paredes para alcanzar el material vegetal blando haciendo ineficaz la acción de los nematodos; atrape los grupos que invernan en las madrigueras de los muros y destrúyalos, o utilice gránulos especiales con cuidado.

Cochinillas de la humedad: criaturas de color gris de 5 mm de longitud que se enrollan en forma de bola cuando se las molesta. Se alimentan de la vegetación que cae y, como tales, son beneficiosas para las pilas de compost. Sin embargo, pueden alimentarse de plantas débiles o atacar plantas que ya estén dañadas por otras causas, especialmente en el invernadero. Además de una buena higiene, el mejor remedio consiste en mantener el jardín libre de vegetación muerta y desperdicios.

Tijeretas: se trata de insectos delgados de 2,5 cm de longitud, con un par de pinzas en el extremo de la cola. Producen agujeros en los pétalos de la flor, en especial en las inflorescencias de especies como las dalias y los crisantemos. La mejor solución consiste en una buena higiene del jardín o en fabricar una trampa colocando entre las plantas afectadas macetas invertidas llenas con periódicos aplastados sobre cañas. Vacíelas diariamente y destruya la plaga. Las tijeretas se alimentan de pulgones.

Milpiés: criaturas de movimiento lento, oscuras y con una gran cantidad de patas que se mueven formando «ondas» a lo largo de su cuerpo. Se alimentan de plantas, de modo que evite su introducción en el jardín analizando los ejemplares; elimine los insectos que encuentre.

Escarabajos del lirio: pequeños y brillantes escarabajos de color rojo que infestan los lirios y otras plantas similares; la larva tiene el aspecto de un oscuro y delgado excremento de ave y se alimenta del follaje. Se trata de una plaga relativamente nueva en las zonas más cálidas. Lo mejor es eliminarlas físicamente, pues las sustancias químicas no resultan demasiado efectivas con ellos.

Minadores foliares: larvas pequeñas y de color crema en forma de torpedo que cavan serpenteantes túneles entre la parte superior e inferior de las hojas. Elimine manualmente las hojas afectadas. Rociar un insecticida sistémico puede ayudar a evitar que los adultos depositen los huevos, si se hace al principio de la estación.

Mosca de la fruta: oruga que se alimenta en el interior de las manzanas. Como alternativa al rociado preventivo regular, puede atrapar a estos organismos colgando trampas en los frutales a principios del verano, utilizando una para cada cinco o seis árboles; utilice un papel pegajoso impregnado de feromona para matar a los machos y evitar que las hembras sean fertilizadas y depositen los huevos.

PLAGAS DE INVERNADERO

Ácaros (araña roja): insectos de aspecto polvoriento, diminutos, de color marrón claro o naranja, que causan una apariencia moteada en las hojas. Puede ser evidente la presencia de una fina telaraña. La humedad elevada los frena, de modo que deberá humedecer el invernadero rociando los caminos con agua cuando haga calor. Como alternativa, utilice un acaricida o introduzca el depredador *Phytoseiulus* para controlarlos de modo natural.

Mosca blanca: con la apariencia de pequeñas polillas blancas, estos insectos se encuentran en el reverso de las plantas de invernadero, y vuelven al aire en forma de nubes blancas cuando se las molesta. Contrólelas rociando regularmente con una sustancia química, o introduzca el depredador *Encarsia formosa*, una avispa parásita. No deje que las plantas estén

◁ SOSTENGA UNA HOJA *a contraluz para localizar el minador foliar, y machaque la larva entre los dedos hasta eliminarla.*

demasiado apretadas y ventile bien el invernadero.

Trips: diminutas moscas cuyas larvas viven en el interior de la planta y causan pequeñas manchas plateadas en el follaje. Utilice un insecticida sistémico diluido: introdúzcalo en el sustrato y rocíe las plantas con la solución.

Mosquitos de los hongos (esciáridos): pequeñas moscas negras que corren junto a las pilas de sustrato y macetas con plantas (en especial las que crecen en un sustrato con base de turba); sus larvas son pequeños «gusanos» de cuerpo blanco que viven en el compost. Son similares a los colémbolos, pero en éstos las larvas saltan cuando se riegan las macetas. Para controlarlos, introduzca en el compost un insecticida sistémico.

△ **UTILICE TRAMPAS PEGAJOSAS** *en el invernadero para atrapar plagas como la mosca blanca; si desea obtener mejores resultados, suspéndalas justo por encima de sus plantas preferidas como las fucsias, y mueva éstas de vez en cuando para eliminar los insectos voladores.*

TÉCNICAS DE CONTROL DE PLAGAS

Para controlar las plagas se pueden utilizar diversos métodos, tanto naturales como biológicos, aunque siempre es preferible evitar primero cualquier infección comprando plantas sanas y practicando una buena higiene en el jardín. Los pesticidas químicos son de gran utilidad como último recurso, pero en la actualidad existen numerosas alternativas «verdes».

Formas manuales de control

Algunas plagas pueden controlarse de forma manual, sin utilizar pesticidas, y eso es lo primero que debe intentar. Los insectos de movimientos lentos, como los áfidos, pueden eliminarse fácilmente de las hojas y los extremos de los brotes, por ejemplo. Los gusanos deben separarse de la planta manualmente, y puede fabricar trampas para las babosas si hunde latas de cerveza entre las plantas. En el huerto elimine los extremos de las judías para detener la mosca negra y corte las telarañas que se formen en los árboles frutales.

Utilización de depredadores naturales

Resulta de vital importancia conocer los depredadores naturales de diversas plagas de plantas para evitar así destruirlos por error. Entre los depredadores naturales se encuentran las musarañas, los sapos y las ranas, los escarabajos carnívoros, los ciempiés, las arañas, y las larvas de dípteros y crisopos. Tanto las larvas como los adultos de algunos insectos voladores, como las mariquitas, se alimentan de pulgones, y diversas especies de avispas parasitan plagas como las de las orugas al depositar los huevos en su interior y hacer que la larva destruya la plaga. Si quiere favorecer la presencia de depredadores naturales en el jardín, en primer lugar deberá abandonar la aplicación de sustancias químicas; también puede construir un estanque y dejar los restos vegetales alrededor del límite del jardín para proteger a las arañas en invierno.

EMPLEO SEGURO DE LOS PRODUCTOS QUÍMICOS

- **Mantenga las sustancias químicas fuera del alcance de los niños y mascotas.**
- **Asegúrese de guardar los productos químicos en los recipientes originales: no los decante nunca en botellas de plástico para beber.**
- **Guárdelos en un lugar seco, oscuro y fresco; nunca en el invernadero.**
- **Lea atentamente y siga las instrucciones del fabricante para su correcta utilización.**
- **No guarde nunca las disoluciones, ya que éstas son perecederas.**
- **No rocíe cuando la luz solar sea intensa, la temperatura sea elevada o cuando las abejas y otros insectos beneficiosos estén activos en el jardín.**
- **Si la piel entra en contacto con alguna sustancia química, lávese inmediatamente con agua fría.**

Control biológico

Gran parte de las plagas más comunes pueden destruirse mediante la utilización de depredadores y de insectos parásitos. El secreto del éxito consiste en utilizarlos en la época adecuada. Bajo cristal, utilice *Phytoseiulus* (un ácaro depredador) para controlar la araña roja, y *Encarsia formosa* (una pequeña avispa que parasita la mosca blanca) en primavera: un invernadero cálido será lo más adecuado. Puede solicitar los ejemplares por correo y liberarlos inmediatamente para controlar la plaga.

En el caso de las babosas y los gorgojos de la vid, puede elegir entre dos clases de nematodos microscópicos (gusanos beneficiosos). Ambas se mezclan con agua y se aplican mediante una regadera de roseta fina al aire libre alrededor de las plantas, en los laterales del suelo del invernadero

BARRERAS FÍSICAS

Las barreras se utilizan principalmente para proteger las frutas y las hortalizas del ataque de las plagas, y pueden tomar varias formas.

- **Cubra las plantas susceptibles como *Brassica* o las hileras de zanahorias con una red de malla muy fina durante el desarrollo para evitar que los insectos las alcancen; la malla se sostiene con la ayuda de unas horquillas de alambre, atadas descuidadamente alrededor de las macetas individuales o colocadas sobre las hileras y enterradas en zanjas poco profundas excavadas a lo largo de los extremos.**
- **Con frecuencia las cajas donde se coloca la fruta se cubren con una red para protegerla de la picadura de los pájaros, y en el caso de las hortalizas se pueden utilizar elementos similares contra las palomas y las mariposas.**
- **En algunos casos se disponen bandas grasientas alrededor de los troncos de los frutales en invierno para protegerlos contra plagas rastreras. Aplique un «pegamento» alrededor del borde de las tinajas para detener a las babosas y caracoles.**
- **Coloque un disco de cartulina alrededor de la base de los tallos de *Brassica* para evitar que la oruga de la col hembra alcance el suelo y deposite los huevos.**

o, en el caso del gorgojo, sobre las plantas con más riesgo de ser atacadas, como *Cyclamen* o *Primula*. Hágalo en primavera, cuando la temperatura del suelo sea superior a 10 °C, y asegúrese de que éste esté húmedo. No es probable que los beneficiosos nematodos resistan el invierno en el exterior, e incluso bajo cristal suelen morir debido a la interrupción en el suministro alimenticio, de forma que deberá introducirlos de nuevo cada año.

Empleo de sustancias químicas

Cuando no haya alternativa a rociar con sustancias químicas, elija productos que controlen sólo una plaga determinada, por ejemplo aficidas selectivos que matan al pulgón y la mosca negra sin dañar a los beneficiosos insectos o abejas que también se alimentan en las plantas. Lea cuidadosamente las indicaciones del fabricante. De hecho, la mayoría de los pesticidas actúan sobre un amplio abanico de plagas, de modo que deberá utilizarlos a última hora de la tarde, cuando las abejas hayan abandonado el jardín. Rocíe en un día sin viento y utilice guantes y gafas. No lo haga sobre flores abiertas o plantas que se encuentren en tensión como consecuencia de la sequía o de alguna enfermedad.

En los jardines pequeños y para casos puntuales, compre productos químicos ya preparados en sus propias botellas rociadoras y utilice sólo la cantidad necesaria cada vez. Ello le resultará mucho más económico que adquirir productos concentrados para los que necesitará un rociador aparte, y además deberá preparar más cantidad de la necesaria y desperdiciar el resto.

No deposite nunca ninguna sustancia química «pura» sobrante en la basura; en vez de eso, contacte con el ayuntamiento de su localidad para que le indiquen dónde tirarla. En el caso de cantidades pequeñas de productos químicos diluidos, enjuague y rocíe la solución en un terreno vacío. Deshágase también del rociador después de utilizarlo del mismo modo.

ENFERMEDADES DE LAS PLANTAS DE JARDÍN

Las enfermedades de las plantas debidas a hongos, bacterias o virus causan un amplio abanico de síntomas y pueden afectar gravemente al desarrollo de las plantas maduras o matar a los ejemplares jóvenes. Una buena higiene y unos cuidados adecuados en el jardín son la mejor solución para prevenir la enfermedad, pero existen diversos métodos de control para atajar los varios problemas que éstas puedan causar.

Enfermedades más comunes

Las plantas pueden ser atacadas por un gran número de enfermedades diferentes, aunque en el jardín se reducen a unas cuantas, y algunas afectan sólo a determinadas plantas. Las enfermedades que se describen a continuación son las que encontrará con mayor probabilidad en su jardín; la mayoría de ellas son fácilmente previsibles y controlables, con frecuencia sin tener que acudir a sustancias químicas.

Oídio

Oídio pulverulento: tiene la apariencia de un residuo harinoso en el anverso de la hoja o el tallo, en especial en los rosales y las vides, a finales del verano. Normalmente se da cuando hay déficit de agua: irrigue abundantemente cuando el clima sea seco para facilitar su prevención. Para su tratamiento, rocíe con un fungicida apropiado.

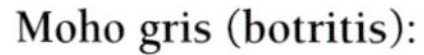

Moho gris

Moho gris (botritis): aparecen manchas sedosas y grises en las hojas, tallos o inflorescencias muertas, por lo general sobre tejido muerto o dañado. Al verse favorecido por condiciones de humedad elevada, deberá ventilar el invernadero regularmente; una buena higiene en el jardín también resultará de gran ayuda para reducir su incidencia. Rocíe con un fungicida apropiado.

Manchas negras: aparecen en el follaje de los rosales en forma de manchas redondeadas de color oscuro que se extienden hasta cubrir las hojas casi en su totalidad; pueden conducir a un marchitamiento prematuro de la hoja. Algunas variedades de rosales presentan una resistencia natural a dicha enfermedad, de modo que si no desea tener que rociar, piense en cultivarlas. Si no, utilice cada dos semanas un fungicida adecuado durante el período de desarrollo como único modo de prevención. Separe y queme las hojas caídas en otoño y rocíe los tallos desnudos y el suelo situado bajo las plantas con un lavado de invierno.

Manchas negras

Roya: se manifiesta a través de pústulas de color naranja o rojizo en las hojas, en particular en las de los rosales, los geranios y los puerros. Elimine las hojas afectadas si la infección es leve, y rocíe regularmente con un fungicida adecuado para evitar males mayores. Los fungicidas para rosales combinados contra la roya, el oídio y la mancha negra con frecuencia incluyen también un aficida. Queme las plantas seriamente afectadas.

Hongo de la miel: afecta principalmente a las plantas leñosas, entre ellas los setos, que pueden morir de forma repentina o enfermar y morir lentamente. La enfermedad se extiende sobre todo entre las plantas mediante rizomorfos oscuros, que se encuentran a veces bajo la corteza o en el suelo, y en otoño pueden aparecer hongos dorados alrededor de la planta. Elimine la parte afectada ya muerta del árbol para que no pueda ser fuente de infección. Cuando plante en un suelo infectado, entierre las nuevas plantas con un collar de polietileno de 60 cm de profundidad alrededor para evitar la infección por rizomorfos.

Podredumbre de la raíz: causa la podredumbre de las raíces o del pie de las plantas. Los primeros síntomas son un repentino marchitamiento seguido de una rápida muerte del ejemplar, o bien la aparición de manchas rojizas en el follaje de las ericáceas y las coníferas, que con el tiempo cae gradualmente. La podredumbre de la raíz es peor si el suelo presenta un drenaje pobre. Como prevención, no plante el mismo tipo de planta en el mismo lugar durante los años siguientes, e implante un sistema rotatorio de cultivos en la zona de hortalizas.

Roya en las hojas de los rosales

Marchitamiento generalizado: provoca el colapso de las plantitas al doblarse sus tallos cerca de la base: éstas mueren rápidamente. Podría deberse a prácticas como la utilización de bandejas para semillas sin limpiar o medios de cultivo poco higiénicos, o bien a condiciones de desarrollo demasiado denso o a un calor o frío excesivos. Regar con un fungicida adecuado puede resultar de ayuda, pero la solución óptima consiste en mejorar las condiciones de desarrollo.

Marchitamiento de las clemátides: afecta a los ejemplares recién plantados cuyos tallos y hojas se marchitan de forma repentina y adquieren una coloración marronosa como si se quemaran. Al eliminar los tallos afectados, con frecuencia los nuevos brotes vuelven a salir desde la base, siempre que la clemátide se haya plantado con bastante profundidad, con el cepellón a 10-15 cm por debajo de la superficie del suelo. Las variedades de *Clematis viticella* son inmunes a este problema.

Enfermedades víricas: los síntomas son diversos, aunque en muchos casos se aprecian por las hojas moteadas o rayadas, y en algunas plantas también afecta al color de la flor. Los ejemplares afectados presentan un desarrollo pobre, y las cosechas de hortalizas o arbustos frutales se reducen gradualmente. Los virus suelen transmitirse a través de áfidos u otros insectos chupadores de savia, de modo que deberá actuar sobre ellos para limitar el alcance de la enfermedad. A pesar de que incluso las plantas libres de virus pueden verse afectadas eventualmente, antes de que aparezca la enfermedad puede tener una buena cosecha durante algunos años. No existe curación, de modo que deberá destruir los ejemplares afectados.

Trastornos fisiológicos

Los extraños síntomas que se producen en ocasiones en las plantas, como la aparición de brotes «ciegos», fruta llena de pústulas y hojas descoloridas, se deben a causas fisiológicas más que a una infección por insectos o virus. Las condiciones extremas como la sequía o un suelo encharcado, temperaturas excesivamente elevadas o bajas, una iluminación pobre o el chamuscado debido al sol directo son las causas principales. El granizo, el viento, las heladas y los herbicidas también pueden originar síntomas fisiológicos. El daño producido no puede revertirse, pero generalmente el desarrollo vuelve a la normalidad si se mejoran las condiciones de crecimiento. Recorte los tallos dañados para mejorar la apariencia de la planta.

Trastornos nutricionales

Los síntomas de deficiencias varían en función del elemento que falte. Si hay déficit

◁ EL HONGO DE LA MIEL *afecta a los arbustos y setos y se extiende bajo la corteza. Se puede manifestar en otoño como hongos amarillos alrededor de la base de la planta.*

de nitrógeno, las hojas de las plantas presentan una característica coloración pálida y una apariencia ligeramente desmedrada, con reflejos rojizos o naranjas. Las plantas que se ven afectadas por una escasez de fosfato presentan hojas azuladas con tintes de color púrpura o broncíneos. Un déficit de potasio se manifiesta en bordes marrones o manchas del mismo color en las hojas. La clorosis, causada por la falta de hierro, hace que las hojas amarilleen; se trata de un problema común que suele darse en plantas que no toleran la cal y se desarrollan en suelos gredosos. No es usual que haya una deficiencia de un único elemento; más probable es que el desarrollo pobre y la apariencia enferma se deban a la escasez del conjunto de nutrientes. Esto tiende a ocurrir en suelos empobrecidos si no se abonan regularmente, en especial si el valor de pH es bajo, ya que los nutrientes están químicamente «secuestrados». La solución consiste en mejorar las condiciones de desarrollo.

CONTROL DE LAS ENFERMEDADES

Como ocurre en el caso de las plagas, puede elegir entre diversas medidas, desde manuales a químicas, dependiendo de la intensidad de la infección.

Formas manuales de control

Observe regularmente sus plantas para detectar a tiempo los problemas. Si la enfermedad afecta sólo a unas cuantas hojas, extráigalas manualmente y quémelas para evitar que las esporas expandan la enfermedad. Adquiera el hábito de eliminar las hojas e inflorescencias muertas, recortando los tallos y los extremos de brotes muertos cuando aparezcan, ya que será lo primero que invadirán los organismos causantes de la enfermedad. Proteja las plantas de las roturas o desgarros, puesto que los tejidos dañados son susceptibles a ser infectados por las enfermedades.

Cambio de hábitos

Una higiene meticulosa en el jardín, basada en la eliminación de desechos y malas hierbas, y unas adecuadas condiciones de crecimiento permitirán la obtención de plantas fuertes y sanas que soportarán mucho mejor las enfermedades que los ejemplares débiles. En el huerto, realice un cultivo rotativo para evitar el asentamiento de enfermedades en las raíces. Compruebe las nuevas plantas para detectar cualquier síntoma de enfermedad, y elimine las que no estén sanas.

Control químico

Utilice los productos químicos como último recurso. Éstos resultan especialmente efectivos contra las enfermedades fúngicas, pero pocos actúan sobre enfermedades bacterianas y no existe ninguno contra los virus. La mayoría de los fungicidas combaten diversas enfermedades, de modo que es necesario identificar exactamente el problema; sin embargo, lea atentamente las indicaciones del fabricante y siga los consejos sobre los insecticidas que proporcionamos en el apartado «Empleo seguro de los productos químicos» (*véase* pág. 70).

PREVENIR LAS ENFERMEDADES

- **Mantenga controlados los áfidos, porque estos insectos chupadores de savia extienden las enfermedades víricas entre las plantas a través de la saliva. Cubra los arbustos frutales y las hortalizas con redes finas como alternativa al rociado.**
- **Utilice un producto desinfectante de jardín para limpiar las macetas, las bandejas para siembra y otros materiales de propagación si desea reducir el riesgo de expansión de la enfermedad.**
- **Compre las semillas y el sustrato para macetas en la cantidad requerida para su utilización inmediata y vuelva a sellar la bolsa entre un uso y el siguiente por si los organismos causantes de la enfermedad se transmiten por el aire.**
- **Limpie la navaja o las cuchillas de las podaderas con lejía o desinfectante de vez en cuando, bien sea al propagar o cuando pode las plantas.**
- **Queme los ejemplares seriamente afectados para evitar la diseminación de los organismos; no deposite nunca material enfermo en la pila del compost ni utilice plantas enfermas para la propagación.**

Las malas hierbas y su eliminación

Una mala hierba es cualquier planta que se desarrolla en el lugar equivocado, y por lo general se trata de especies exuberantes de flores silvestres que invaden los jardines mediante semillas diseminadas por el viento, los animales o los pájaros, o bien a través de las raíces o semillas presentes en el abono. Las plantas invasoras del jardín pueden, asimismo, actuar como malas hierbas debido a una siembra excesiva o a un desarrollo extensivo de las raíces. El secreto de un jardín libre de malas hierbas radica en no dejar nunca que éstas queden fuera de control: existen diversas técnicas para eliminar incluso las especies más tenaces.

IDENTIFICAR LAS MALAS HIERBAS MÁS COMUNES

Las malas hierbas más comunes, como el senecio y la ortiga, son bien conocidas por los jardineros, pero si consulta un libro de flores silvestres no encontrará nada que no sean las plantas habituales. Tome un especimen y llévelo a un centro de jardinería o a una sociedad de horticultura para que lo examine un experto.

Malas hierbas anuales

Se trata de hierbas, como el senecio, que florecen, producen semillas y mueren en el mismo año, aunque hay otras, como el mastuerzo, que producen varias generaciones de semillas cada año. Un suelo descuidado alberga miles de semillas de malas hierbas en período de latencia que salen a la superficie al cultivarlo y se exponen a la luz, lo que les permite germinar. Contrólelas mediante un cavado regular, un desherbado manual, la aplicación de un acolchado o la utilización de herbicidas de contacto antes de la floración con el fin de que las semillas no se establezcan.

Malas hierbas vivaces

Las malas hierbas vivaces como las ortigas y el saúco de tierra se comportan como plantas herbáceas, ya que perecen en otoño y vuelven a aparecer en la primavera siguiente. Los grupos pequeños pueden arrancarse, pero en el caso de colonias bien establecidas, en especial de especies expansivas como la grama del norte y la correhuela, es preferible tratarlas con un herbicida de traslocación. Cuando crezcan entre las plantas cultivadas, rocíe las malas hierbas o utilice un herbicida. Un cavado regular también funciona pasado el tiempo, si se elimina con frecuencia el nuevo desarrollo, pues de ese modo la planta se debilita.

Ranúnculo rastrero

Cola de caballo

Malas hierbas leñosas

Las malas hierbas leñosas, como las plantitas de sicomoro y zarzamora, crecen rápidamente y su extracción resulta difícil debido a la cantidad de raíces profundas. Arranque las plantas mientras sean jóvenes; en el caso de los ejemplares bien establecidos, corte a ras de suelo y trate los nuevos y vigorosos brotes resultantes con un producto específico. Proteja las plantas vecinas.

PROBLEMAS COMUNES CON LAS MALAS HIERBAS

Correhuela: esta vigorosa y retorcida planta de grandes flores blancas y en forma de trompeta se extiende gracias a sus gruesas raíces subterráneas y de color blanco que se dividen, por lo que las nuevas plantas se propagan fácilmente si se rompen las raíces al arrancarlas. Cuando las plantas emergen por encima del nivel del suelo en primavera, forman una roseta antes de trepar: trátelas en esta fase con un herbicida de traslocación y repita la acción cuando vuelvan a brotar de nuevo. Corte los tallos trepadores entre arbustos a ras de suelo y deje que mueran; de este modo resultará más fácil desenredar la planta. Trate los brotes que salgan de nuevo a nivel de suelo cuando aparezcan.

Grama del norte: se trata de una hierba de alambre que se expande mediante delgados rizomas subterráneos de color blanco. Los grupos pequeños pueden desenterrarse, pero tendrá que eliminar las raíces. Rocíe las zonas más grandes con un herbicida de traslocación y espere hasta que el follaje adquiera una coloración marrón antes de eliminar los restos para asegurarse de que las raíces estén muertas. Limpie bien las zonas afectadas cubriéndolas con una hoja de polietileno grueso de color negro o una alfombra vieja que no deje pasar la luz. Déjelo así al menos durante un año.

Δ **LA CORREHUELA** *posee indudablemente unas preciosas flores blancas en forma de trompeta, pero si no se controla, pronto se expandirá hasta formar una densa cubierta que ahogará las plantas cultivadas, como esta alcachofera.*

Ranúnculo rastrero: se trata de un ranúnculo de desarrollo bajo y expansivo, parecido a las rosetas con plantitas en el extremo, y tallos parecidos a estolones (como los estolones de los fresales). Posee un fuerte sistema de raíces del cual se separa la parte superior de la planta al levantarla, pero lo que queda se regenera rápidamente. Trate las rosetas con un herbicida y evite que los estolones enraicen mediante un adecuado desherbado. Nunca coloque esta hierba en la pila del compost.

Celidonia mayor: se trata de una preciosa flor silvestre de primavera, con inflorescencias amarillas parecidas a ranúnculos y rosetas bajas de un follaje color verde intenso. Las plantas se marchitan a principios del verano, dejando grupos de frágiles bulbilos subterráneos. Si cava, romperá los grupos, y los bulbilos, demasiado pequeños para extraerlos manualmente, se diseminarán todavía más por el suelo. Riegue el follaje con un herbicida de contacto antes de la floración; un solo tratamiento suele ser efectivo.

Saúco de tierra: presenta un hábito de desarrollo corto y erguido con un característico follaje parecido al del saúco y aplanadas cabezuelas blancas de flores; se extiende con la ayuda de fuertes tallos subterráneos y raíces. Cavar no resulta efectivo, ya que los fragmentos de raíz propagan nuevas plantas. Rocíe los brotes nuevos con un herbicida de traslocación en primavera y vuelva a tratarlo cada vez que aparezcan nuevos brotes, o bien cultive gramíneas y corte regularmente para controlarlo. Puede tardar varios años en erradicar las colonias bien establecidas.

Cola de caballo: es una planta primitiva relacionada con restos fosilizados de la cola de caballo gigante, que se encuentra en algunos yacimientos de carbón; los nuevos brotes parecen extremos de espárragos a partir de los cuales aparece más tarde un follaje alto y en forma de helecho. Las raíces pueden penetrar enormes distancias, pero no intente desenterrarlas ya que las raíces dañadas vuelven a renacer. Los herbicidas no resultan demasiado efectivos contra esta mala hierba, de modo que lo mejor es segar el césped y cortar los arriates regularmente para debilitarla, o utilizar un herbicida para los senderos de grava o pavimento e intentarlo con herbicidas sistémicos en las zonas desnudas o entre los arbustos.

Hiedra silvestre: puede dañar los rebozados abandonados en muros y vallas inestables con sus penetrantes raíces aéreas, y ahogar los arbustos y setos con sus brotes. Si encuentra grandes cantidades de esta hierba en las partes superiores de viejos árboles, puede afectar lo suficiente a la resistencia al aire de éstos como para que se vengan abajo en noches de tormenta. Elimine las plantas mientras sean jóvenes y arranque con regularidad los tallos trepadores desde la base de los setos. Para eliminar la hiedra establecida de los árboles, corte por la base de los tallos a ras de suelo; cuando el follaje se vuelve de color marrón, es más fácil arrancarla. Los tocones de la hiedra pueden tratarse con un producto especializado para evitar que vuelvan a renacer. Aunque no se trata de un parásito de otras plantas, la hiedra las utiliza como soporte para trepar y ataca a ejemplares pequeños.

Saúco de tierra

EMPLEO SEGURO DE LOS HERBICIDAS

- La mayoría de los herbicidas deben aplicarse desde mediados de la primavera hasta principios del verano, cuando las malas hierbas son jóvenes y se desarrollan con rapidez antes de que empiecen a florecer.
- Los herbicidas de traslocación y los de contacto deben aplicarse sobre el follaje, nunca directamente en el suelo. No aplique los de tipo líquido cuando vaya a llover, o el producto se lavará antes de ser absorbido.
- Mantenga el herbicida alejado de las plantas que desee conservar; proteja las plantas de los alrededores con ayuda de un plástico o un cartón mientras trate las malas hierbas con una regadera de manguito grueso, o bien trátelas individualmente con un herbicida en gel o una mezcla preparada como aerosol en un recipiente especial para ello.
- Disponga de una regadera especial para rociar con herbicidas y utilícela sólo para este fin; etiquétela para evitar cualquier equivocación.
- Lea cuidadosamente las instrucciones del fabricante antes de utilizar un herbicida, y sígalas al pie de la letra.
- No utilice herbicidas cuando haga viento, ya que las gotas de vapor pueden llegar a los macizos vecinos.
- Guarde las botellas y paquetes de herbicidas en un lugar seguro, lejos del alcance de los niños y los animales de compañía. Cuando estén vacías, deposítelas cuidadosamente en un lugar adecuado.

TÉCNICAS PARA EL CONTROL DE LAS MALAS HIERBAS

Las malas hierbas pueden controlarse manualmente, bien sea mediante un desherbado o un cavado, o mediante métodos físicos como la utilización de un acolchado, o de herbicidas químicos. Las plantas bien establecidas quizá necesiten varios tratamientos o, en algunos casos, una prolongada insistencia para erradicarlas. Los nuevos brotes encuentran constantemente la forma de persistir en el jardín mediante las semillas introducidas de forma accidental con las nuevas plantas o el abono, además de a través de su diseminación por parte de los pájaros o el viento.

El herbicida correcto

Existen varios tipos de herbicidas, de modo que deberá asegurarse de elegir el adecuado para el trabajo que desea realizar.

Los **herbicidas de contacto** funcionan mejor con las especies anuales y lo hacen directamente sobre el follaje. Las malas hierbas tratadas tienen una apariencia de quemadas en pocos días.

Los **herbicidas de traslocación** se utilizan con las malas hierbas vivaces. Se introducen por las hojas y se desplazan a través de la planta hasta la raíz aunque tardan varias semanas en destruirla del todo. Los grupos establecidos pueden necesitar varios tratamientos.

Los **herbicidas específicos** son adecuados para las malas hierbas fuertes con tallos leñosos, así como para vástagos y tocones de árboles. Utilícelos con cuidado.

Los **herbicidas para senderos** son residuales, de modo que debe utilizarlos únicamente en caminos de grava y hendiduras entre el pavimento, nunca sobre los arriates con plantas. Es preferible aplicarlos desde mediados a finales de la primavera, ya que evitarán que las malas hierbas se desarrollen durante el resto de la estación.

Prevención de las malas hierbas

Antes de comprar nuevas plantas, asegúrese de que no se lleva a casa ninguna mala hierba, ya que en muchos casos las especies problemáticas como el mastuerzo se adquieren accidentalmente de esta forma. Raspe siempre y descarte la capa superficial llena de musgo y hierbas del sustrato.

Si quiere que su jardín esté libre de hierbas indeseables, cubra el suelo con plástico o una tela gruesa resistente, inserte las plantas en las cruces que haya cortado en él y extienda grava o láminas de corteza a continuación por encima para esconder el plástico.

Aplicar un acolchado

Extienda una capa de 5-10 cm de estiércol bien fermentado o compost sobre el suelo para eliminar las malas hierbas, o cubra con una capa de 2,5-5 cm de material inorgánico como grava, cáscaras de coco o láminas de madera. El acolchado tiene poco efecto sobre las especies vivaces ya establecidas, que pueden empujar a través de un acolchado orgánico (pero no de una cobertura de plástico).

Desherbado manual

Utilice una horquilla de mano para desherbar entre las plantas pequeñas sobre suelos rocosos o en márgenes llenos de plantas donde no es posible cavar. Un viejo tenedor será de utilidad para eliminar las malas hierbas que salgan entre las hendiduras del pavimento (véase *izquierda*). Una azada con una cuchilla afilada le ayudará a eliminar las malas hierbas por la raíz. Para facilitar el trabajo, cave mientras las malas hierbas todavía sean pequeñas; segar ligeramente la superficie del suelo será suficiente para desenraizar las plántulas recién germinadas, que rápidamente se marchitarán (después de esto, no es necesario limpiar). Separe

◁ LAS LÁMINAS DE CORTEZA GRUESA *forman un acolchado de larga duración: añada una capa gruesa entre los árboles y arbustos para conseguir una apariencia natural y una cobertura práctica del suelo.*

las hierbas más grandes con ayuda de una azada y, a continuación, pase el rastrillo.

Barreras

Cree una barrera contra las malas hierbas colocando un plástico negro, una alfombra vieja o un tejido grueso resistente sobre el suelo; estos materiales son lo bastante fuertes como para cubrir las especies vivaces, que morirán por falta de luz. Transcurridos dos años, incluso las malas hierbas más problemáticas se habrán erradicado. Una barrera vertical como un plástico negro de 60 cm o más enterrado en el suelo es una forma efectiva de evitar que las especies problemáticas se extiendan bajo una valla o seto del jardín adyacente, o para contener retazos de especies tenaces.

HERRAMIENTAS PARA EL CONTROL DE LAS MALAS HIERBAS

AZADA PARA ARRASTRE: para cavar entre las hileras de hortalizas, aunque también resulta útil para «atrapar» las malas hierbas de los arriates.

AZADA HOLANDESA: es mejor utilizarla con frecuencia cuando las malas hierbas son apenas visibles para ayudar a mantener el suelo libre de las especies no deseadas.

AZADA EXCAVADORA: para desenterrar grupos de especies vivaces.

HORQUILLA O PALITA MANUAL: para un desherbado manual ligero entre las plantas.

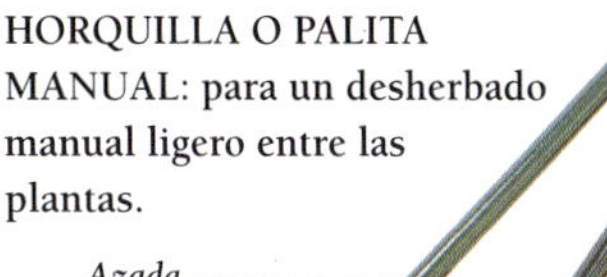

LIMPIEZA DE LOS SUELOS DESOCUPADOS

- **Utilice un pulverizador con herbicida para eliminar las malas hierbas anuales y los extremos superiores de las especies vivaces. Con ello favorecerá que las semillas en período de latencia germinen rápidamente, con lo que deberá tratarlas otra vez cuando aparezcan los nuevos brotes.**
- **Riegue o rocíe un herbicida de traslocación sobre la zona; en el caso de especies vivaces ya maduras, quizá sean necesarios dos o más tratamientos.**
- **Cubra toda la zona con un plástico negro, una alfombra vieja o un material similar, y déjela así durante dos años para debilitar las especies vivaces o las más problemáticas.**
- **Una siega regular controlará las malas hierbas de porte erguido, pero no las que forman rosetas. Siembre un terreno lleno de malas hierbas con semillas de gramíneas y siegue todas las semanas. Tardará dos o tres años en erradicar totalmente las malas hierbas, tras lo cual podrá eliminar las gramíneas y cultivar la zona.**

▽ ACOLCHADOS Y BARRERAS
Utilice acolchados orgánicos sobre la base de un suelo desnudo o sobre una barrera inorgánica permanente si desea un jardín totalmente libre de malas hierbas.

Los números en **negrita** remiten a las ilustraciones

A

B

C

D

E

F

G

AGRADECIMIENTOS

Los editores y los autores desean agradecer su apoyo en la creación de este libro a: **P. Mitchell**, **R. Hills** y **Victoria Sanders** por permitir tomar fotografías en sus jardines; **Paul Elding** y **Stuart Watson** de BOURNE VALLEY NURSERIES, Addlestone, Surrey, por su consejo, materiales y estudio; y a **John Swithinbank** por todo el apoyo y colaboración que dio a Anne.

CRÉDITOS DE LAS FOTOGRAFÍAS

CLAVE: s = superior, i = inferior, iz = izquierda, d = derecha, c = centro, D diseñador, J = jardín

A-Z BOTANICAL COLLECTION: **D. W. Bevan** 11i; **Robert Murray** 72i.

Neil Campbell-Sharp: 7siz, J: Champs Hill 11s; J: Westwind 12c; J: The Dillon Garden, Dublín 43s; J: Hope Scott, Malvern 46iz; 59iz, J: The Dillon Garden, Dublín 61siz.

GARDEN FOLIO: **Dr. Phil Gates:** 75d.

John Glover: 6iz, 7sd, J: The Anchorage, Kent 16d; J: RHS Wisley, Surrey 20iiz; 32iz, D: Jill Billington y Barbara Hunt 36i; 44d, J: Save the Children, Chelsea 1991 53siz; 59d, 70.

HARPUR GARDEN LIBRARY: **Jerry Harpur** D: Judith Sharpe, Londres 18d; J: Cobblers, East Sussex 22i; J: CJ Beresford, Stilebridge, Kent 24d; D: Sheila Chapman, Chelmsford, Essex 32d; 34sd, J: RHS Wisley, Surrey 38iz; 39d, J: Home Farm, Balscote, Oxon 48i; J: Old Rectory, Sudborough, Northants 52iz; D: Simon Fraser, Teddington, Middx 63s; J: Winfield House, Londres 65iz; 65d, J: Nick y Pam Coote, Oxford 67d.

HOLT STUDIOS INTERNATIONAL: **Nigel Cattlin** 68iz, 69 todas, 71 todas, 72s, 74id; **Bob Gibbons** 74iiz.

HOUSE AND INTERIORS PHOTOGRAPHIC FEATURES AGENCY: **Simon Butcher** 33; **Graham Cradock** 58siz; **Sandra Ireland** 27s; **David Markson** 13; **Gilly Thomas** 66s.

Jacqui Hurst 41sd.

Andrew Lawson 54b.

CLIVE NICHOLS GARDEN PICTURES: **Clive Nichols** J: Red Gables, Worcs 14sd; J: Dower House, Glocs 40iiz; 40d, D: R. y J. Passmore 50iiz; 55siz, Wendy Lauderdale 66iiz; **Graham Strong** 50id.

PHOTOS HORTICULTURAL PICTURE LIBRARY: 8id, 9siz, 12d.

DEREK ST. ROMAINE PHOTOGRAPHY: **Derek St. Romaine** 53id, 56s, 57d, 63iiz, 75iz.

THE GARDEN PICTURE LIBRARY: **Philippe Bonduel** 60iiz; **Rex Butcher** 68d; **Brian Carter** 73; **Vaughan Fleming** 43i; **John Glover** 17, 23s, 30, 77siz; **Michael Howes** 47d, 61id; **Jane Legate** 10i; **Mayer/Le Scanff** 45; **Stephen Robson** 44iz; **J.S. Sira** 16siz, 41iiz; **Juliette Wade** 16iiz, 38d.

FOTOGRAFÍA ADICIONAL: **Peter Anderson** 7iiz, 7id, 8sd, 9iiz, 9id, 10s, 14iiz, 15d, 21siz, 42iiz, 42id, 48s, 49 todas, 64s. **Steve Gorton** 8siz, 12siz, 14siz, 18iz, 19 todas, 20siz, 20d, 21sd, 22s, 23i, 25iiz, 25ic, 25id, 26iiz, 26sd, 27id, 28d, 29iiz, 34iiz, 34ic, 34id, 35iiz, 35d, 36s, 40siz, 47iz, 50sd, 51, 52d, 53cd, 54s, 55iiz, 55ic, 55id, 56iiz, 56id, 57iiz, 58iiz, 58sc, 58sd, 60sd, 62 todas, 63id, 66siz, 66id, 74s, 76s, 77cd, 77id. **Matthew Ward** 21iiz, 21id, 26cd, 26ciz, 27iiz, 29id, 31 todas, 37 todas, 41siz, 60siz, 64i, 76i.